青少年使用說明書

思春期のトリセツ

腦科學家、暢銷書《兒子使用說明書》作者
黑川伊保子——著

胡慧文——譯

當孩子「轉大人」，
父母如何讀懂他們的內心話？

目錄

推薦序　當孩子進入青春期，父母請不要過度努力　尚瑞君　013

前　言　青春期的親子關係，會影響孩子一輩子　020

第一章　當你習慣跟孩子說「不」，孩子只學會被拒絕

「不行！」「不可能！」的否定式教養　028

你常用「NO」抹煞對方的創意嗎？　030

美劇中同理孩子的溝通心法　032

父母是孩子人生中的第一塊絆腳石嗎？　034

為何戒不掉對孩子的禁令？　036

「我瞭解你的感受」——從同理開始與孩子連結　038

數理和創造能力VS.整理能力　041

「邋遢數理男」與「整潔乖乖兒」，你要選擇哪一種？　044

教養，可以不按照世俗標準　047

真正愛你的人，會想要你成為「你自己」　050

愛一個人，是從注意到他的「不完美」開始 051
包容孩子，也是對自己寬容 052
AI世代的教養升級版 054
讓孩子明白：即使被否定，表達感受也是有價值的 055

第二章 青春期的腦內風暴

特定氣味會將記憶帶回童年 058
你的孩子是過「五感」生活，還是「無感」生活？ 059
感性記憶有利創意，但不適合即刻做出決定 061
成人腦依賴「當機立斷」的直覺 062
成人腦習慣驟下定論 063
為什麼大人總愛倚老賣老？ 065
孩子最不缺的就是「說教」 067
為何大人不懂孩子的世界？ 069
青春期的大腦是用「升級版的硬體」跑舊版軟體 072
父母要有被青少年討厭的勇氣 073

女兒大了，嫌惡父親是「健康」的表現 074
父親與青春期女兒要保持剛剛好的距離 077
愛唱反調的刺蝟少年 079
讓壞心情變好的魔法 080
產後的妻子為何總是對先生不耐煩？ 083
情緒爆發有時是必要的 085
大腦運作方式都有其道理 087
用「欣賞」的角度，看待青春期的大腦 089

第三章 睡飽、吃好，是決定身高與學習的關鍵力

睡著後，大腦都在幹嘛？ 094
創意是「睡」出來的 096
家有青少年之父母必看的韓劇——《梨泰院Class》 097
隨興、睡懶覺，都是大腦的熱身操 100
少年愛睏的煩惱 101
沒睡好，頭腦不會好 103
長高睡眠法 105

「買手機給兒子後，他就沒再長高了……」 107
半夜滑手機，今天該長的身高會全歸零 109
所謂的「半夜」是指幾點？ 112
中學男孩是「肉食動物」 116
吃雞蛋能活化大腦 118
「一天只能吃一顆蛋」是錯誤的迷思 120
零廚藝的健腦蛋花湯 121
阿嬤煮的蛋花湯，是台灣名模變美的祕方 123
「早起」能提升睡眠品質 124
與其熬夜，不如早起 125
泡澡能讓大腦放鬆，一夜好眠 126
如何讓白天的心動體驗重現於夢境？ 127
「早睡‧早起‧吃早餐」，任何時候開始都不嫌晚 130

第四章　如何向青少年傳達你的愛？

愛要說出口 137
「被愛」與「不被愛」的記憶只有一線之隔 139

喚醒「被愛記憶」的觸發點 142
媽媽對女兒的愛是內建模式——愛的傳達之母女篇 144
女兒是吸收媽媽情緒長大的 148
家有青少女，爸爸要成為媽媽的堅實後盾 149
學習韓劇中的正向鼓勵法——愛的傳達之母子篇 150
男性具有「被拒絕基因」的暗黑真相 153
只有兒子不會觸發女性腦的「異性警戒設定」 156
母親是唯一不會對兒子變心的女性 159
「謝謝你成為我的寶貝」 160
「你做得很好！」——愛的傳達之父子篇 162
別讓女兒誤會父親重男輕女——愛的傳達之父女篇 164
女兒的「幸福保險」，要由父親負責承保 165
男人很難把愛說出口 168
隨著年歲增長，淚點會變低 170
男人說話習慣「找碴」 171
男性「潑冷水」是愛的表現 172
與家人對話，從產生情感共鳴開始 174
拒絕孩子的技巧 176

視狀況表達「憤怒」或「不捨」的情緒 177
面對抱怨，一概先以「你還好嗎？」的安慰方式回應 179
情侶是中日韓哪國人，一眼就能看出來 180
韓國的「kenchana」文化值得學習 183
先問「你還好嗎？」然後同理對方的感受 184
青少女就愛小題大作 186
當孩子批評他人時，父母不要隨之起舞 188
愛抱怨的男人可能缺乏男性荷爾蒙 189
何謂「男人中的男人」？ 192
當孩子是性別的少數族群 195
人生，就是到地球旅遊百年的旅程 197
關於孩子的性教育，父母該如何開口？ 199
只和想拚命保護對方的人孕育下一代 200
比親吻和擁抱更親密的方法 203

第五章 解密半熟大腦，親子溝通不當機

別讓青春期孩子活在自己的聚光燈下 206

「對社會有貢獻」，比「成為理想的自己」更重要 207
年輕人要培養勇於作夢的能力 210
找到令自己「愛到無法自拔」的事物，是拓展人生的關鍵 212
十四歲展開的心靈之旅 213
女性的自我肯定感較低是天性使然 216
慎防「乖女孩症候群」 218
青春期的男性腦有莫名的自信 220
父親容易犯下的錯誤 221

結語

你的孩子，是玫瑰園裡獨一無二的玫瑰 223

當孩子進入青春期，父母請不要過度努力

親子作家　尚瑞君

在跟國高中家長的講座中，我會向父母特別強調，當孩子進入青春期，不要用力當父母，不要辛苦當父母，而應該當聰明又有智慧的父母。

怎麼當聰明的父母呢？那就是要了解孩子的發育已經進入新的階段，我們要退居為觀察與監督，當孩子的教練或顧問，陪他們走離家獨立前的最後一哩成長路。

我之所以會說，不要再過度努力地當父母，是因為孩子進入青春期後，我們以前無微不至的照顧方式，已經不適合孩子。孩子進入要探索與發展自

己，進入要發展同儕甚至戀愛關係時，是孩子要去練習選擇和承擔，而不再是「聽父母說」。此時，父母要退居幕後，給孩子需要的界線與協助就好。

隨著孩子大腦的發育而進行適合的教養和陪伴，是聰明又有智慧的方向與方式。日本作者黑川伊保子繼暢銷書《兒子使用說明書》之後的最新力作《青少年使用說明書》，讓我看了心有戚戚焉，好慶幸她的觀點很多都是我過去的做法，例如：

- 「我瞭解你的感受」，從同理開始與孩子連結
- 真正愛你的人，會想要你成為「你自己」
- 父母要有被青少年討厭的勇氣
- 別讓青春期孩子活在自己的聚光燈下
- 「對社會有貢獻」，比「成為理想的自己」更重要

光看這些金句，就知道青少年、少女已經變化成跟我們心目中孩子的形象不太一樣了。還有更好的方法了解孩子嗎？

有的。那就是透過對男性腦和女性腦的剖析和特質理解，才不會讓我們如同盲人摸象般，只認定自己接觸到的孩子樣貌。

青春期孩子的大腦正要從兒童腦轉變為成人腦，這中間過渡與轉換的幾年，是從兒童腦「感知世間所有一切」的「輸入裝置」，要變為成人腦「高效達標」的「輸出裝置」，可想而知，中間難免會出現當機、故障或轉換不良的狀況。但不要擔心，只要不生病、不受傷，大腦是用不壞的，此時反而是更需要讓孩子吃好、睡飽，用健康而正向的愛，好好地涵養與灌溉。

為了讓「愛」這個概念能在孩子的大腦中留下深深的印記，父母要同時以「感性」與「符號」兩種方式來表達愛。就是除了用行動關懷孩子，還要把對孩子的愛說出來喔！不然已經習慣用「符號」記憶世界的成年人，在回想父母過往的教養過程時，因為不曾聽過父母對我們「示愛」的言語，常會以為父母不愛自己。這其實是年幼時感受愛的經驗已經被塵封深埋，往往要到自己為人父母，體會到照顧孩子的辛勞後，才會想起以前父母的關愛。如果可以早一點用言語示愛來拉近愛的時間差，不是更好嗎？

不管是家中有青少年，還是教養青少女，書中都針對孩子的成長特性做分析，也讓我們看到該如何辨識男性特質和女性特質，不會因為父母和孩子的性別不同而誤踩雷區炸傷彼此。

其中提到女性具有「異性警戒」的開關，不禁讓我回想自己的成長歷程，面對家中的父親和兄弟們，好像對他們的感受真的很符合書上所說的變化。但好消息是，母親一輩子都不會被自己的兒子觸發「異性警戒」。難怪有時先生會抗議我會對他大發雷霆，但對兒子卻會極盡寬容，原來不是自己生的果然是不一樣啊！

那父親跟女兒的關係呢？說來可能要讓父親流下無可奈何的英雄淚，因為從小喜歡黏在父親身旁的女兒，甚至吵著長大要跟父親結婚的女兒，到了青春期時會連跟父親待在同一個空間都覺得無法忍受，這是怎麼回事呢？就讓本書告訴我們解答和應變的方法吧！

想到要跟青春期的孩子溝通時，你也是一個頭兩個大，既苦惱又感到挫折嗎？但溝通的要領其實很簡單，只要滿足對方大腦的渴望就好，而且是「大腦瞬間反射的渴望」，這看似並不複雜，然而實際做起來卻非常困難。因為我們的大腦也有自己的渴望，就像是有時候我們只是想把自己大腦所感知的「微妙差異」傳達給孩子，純粹是出於「好東西要跟好朋友分享」的心情，卻被青春期孩子以為我們「妄下斷論」與「賣弄學問」時，我們也會覺得好受傷吧？所以在還沒有想出更好的應對方式前，我們可以先關心對方，用韓劇中隨時會出現的「你還好嗎？」這句話接住對方。無論對方是老婆、老公、女兒、兒子，只要是家人喊痛、抱怨辛苦，首先關懷他：「你還好嗎？」記住這一點，絕對百利而無一害。

看到書中寫父親對女兒的影響，不禁讓我紅了眼眶，讓我想起已經往生十七年的父親，在早年母親反覆離家的歲月中，父親不但撐住整個家，還鼓勵我們這些孩子用功讀書，甚至讓我在他專寵的厚愛中，成為他心中獨一無二的玫瑰。因為父親的愛與信任，讓我有深厚的自我價值感來累積消化所有好壞的人生經歷，成為自我成長的養分。而在為人母之後，藉由反思與學習，也有能力好好地愛與信任我的一雙兒子，同時寫書分享給更多朋友。希望我們都能當孩子最堅實的後盾，讓他們勇敢追夢、實現自我，進而讓社會變得更好。

黑川伊保子專長是研究「大腦控制學」，她在書中帶我們認識青春期孩子的大腦發展，告訴我們如何藉由了解孩子的腦部發育和變化，成為聰明又有智慧的父母。書中風趣又具有學術理論的文字，讓人在捧腹大笑時還能吸收知識，這是作者的學術專業和寫作功力的集大成。

最後就像作者整本書想要傳達的愛與溫暖，每一個人的大腦都會在不同階段發生變化，但家人的生命都值得我們溫柔以待，持續給予支持與關懷。和我們珍愛的人好好相處，多一分理解就少一點傷害，在來到地球上不過百年的人生旅程中，盡情享受與熱情付出吧！

推薦者簡介

尚瑞君

2021-2023博客來親子教養類年度百大暢銷書作家。

著有：《優雅教養》、《剛剛好的管教》、《剛剛好的距離》、《剛剛好的溫度》、《淬鍊幸福》、《家有中學生的解憂之書》

經營臉書專頁：《尚瑞君之愛傾聽解讀心》

前言

青春期的親子關係，會影響孩子一輩子

如果將人腦視為一部電子迴路裝置，那麼人際關係就如同裝置裡的網路系統。

我的研究專長是「大腦控制學」（Brain cybernetics），這是腦科學的新領域，用來探索「人類感性」（瞬間反應）。

我的第一個發現，是男性和女性的大腦在「瞬間反應」上是完全相反的原理。

人類的大腦在形成伴侶關係時，被設計成「會立即啟動不同迴路，以互相支持」。此外，在人們出生時，兩性的大腦就被初始設定成「為了更容易配對成功」，他們的「即時選擇迴路」是完全相反的。甚至，大腦還被設計成「會深深迷戀和自己迴異的對象」。

也就是說，這世上的夫妻本來對於同一件事就會立刻看到不同之處，也會產生不同的想法，難怪彼此會產生隔閡。

如果能夠理解「老公的結構組成特性」、「老婆的結構組成特性」，以及「夫妻各自的網路系統運作原理」，就會明白另一半看似完全不可思議的言行舉止，其中都有其緣故，那麼原本對另一半的怒氣，也會轉變為愛意。

——這是我大約在三十年前明白的事。

後來我又逐漸領悟到，不只男女關係如此，親子相處、職場上下關係、朋友往來、顧客接待，其實也都是同樣的原理。

這四十多年來，我對大腦進行深入研究後，還深刻體悟到一件事，那就是：大腦不會做任何無用之事。

對方做出在我們看來費解的言行舉止，背後必定都有充分的原因。如果能洞悉其中的緣由，就能進一步理解對方，並避免產生無謂的憤怒情緒。

我一系列的「使用說明書」問世，正是為了解開種種看似「不可理喻」的言行背後，究竟在大腦中發生了哪些事，如同提供給讀者「大腦友善相處指南」。

如今我所著的「使用說明書」系列，又多添一名生力軍，這回挑戰的是解讀青春期的大腦。對於家有青少年的父母而言，這些即將轉大人的孩子根本就是「難以理解的終極版」。

我在本書中，試著從大腦功能運作的角度，為讀者解析那些「變得越來越難搞」的十三到十五歲孩子，大腦究竟發生了哪些事。

我不是發展心理學專家，因此不會從臨床案例為大家抽絲剝繭解開謎團。我只是將大腦視為一種裝置，討論「典型青春期大腦」中常見的情況，這些現象也會讓所有青春期孩子的父母及師長心有戚戚焉。

在家庭和學校裡，必定有很多複雜難題無法用一般性理論來總結。比方說，拒學、家庭暴力、不良行為，乃至犯罪等重度偏差的青春期問題。事實上，這些行為已經很難用「這只是由青春期大腦引發」這樣的說法簡單帶過。

至少，**我並不認為極端的青春期問題會單純只因為「青春期的大腦功能特性」而造成。成長環境的偏差或是發展障礙，也會伴隨著孩子的成長而誘發諸多青春期問題。**人們或許並未意識到，孩子有輕度發展障礙，卻被大人忽略的案例其實相當普遍（例如，我就患有亞斯伯格症），如果完全歸咎於「青春期的偏差行為」，很可能就會忽略了孩子發展障礙的事實。

本書特意不討論由多重原因所引發的青春期極端偏差行為，只針對大腦與生俱來的基本功能，探討每個人都會遭遇的困難。即便是原本的「乖孩子」

也會變得越來越難相處，像刺蝟般無法靠近。**本書是寫給擔心孩子不穩定的心理狀態會持續到成年、親子關係破裂、彼此缺乏互動而漸行漸遠等諸多問題的父母。**

我為什麼要針對這樣的家庭煩惱寫這本書呢？因為從大腦的結構來看，這種潛在的、不起眼的青春期問題，更容易在日後造成親子間的隔閡。

簡單來說，青春期是從兒童腦轉變為成人腦的過渡階段。

十二歲以前是兒童腦，十五歲以後是成人腦，十三到十五歲這三年是大腦轉型期。這期間大腦就好比一部「故障裝置」，會發生硬體與軟體版本的「更新落差」，這是人生中最不受控的大腦狂飆期。沒錯，**青春期的大腦遠比新生兒的大腦更不穩定、更難控制**。

在這種難以駕馭的狀態下，孩子卻必須以這部失控的大腦裝置面對許多挑戰，像是升學考試、情竇初開（出現二次性徵的荷爾蒙狂飆，會無法克制思春的衝動）等狀況。不但如此，因為大腦此時的整合功能不良，難以用清晰、連貫的語言表達自己的想法。與此同時，生理上也急劇變化，保持平衡變得困難，如果是體育競技選手，這時肯定會面臨瓶頸。青春期的大腦正處於危急時刻，值得同情。

而且，在這個過渡期的最後階段，成人腦才會發育成熟，所以父母其實沒有多少時間可以和青春期的孩子鬥氣，為他們的一言一行大動肝火或是執著嘔氣。再者，考慮到十五歲發育完全的成人腦將伴隨孩子一生，如果親子關係在這個關鍵時期出現裂痕，有可能對親情造成一輩子難以修復的傷害。

青春期關係著孩子此生的命運，是必須謹慎處理的艱困關頭，如果沒有一本「使用說明書」協助，父母豈不是太難為了？

這便是《青春期使用說明書》登場的初衷。

本書是為家有青少年的父母所寫，目的是想要盡可能為教養孩子而煩惱的父母排難解紛，但我也期盼正處於青春期風暴的年輕孩子一同閱讀本書，瞭解自己的大腦正在發生的變化，其實這是件滿令人興奮的事。

此外，**我希望家有幼童的父母也能閱讀。在青春期時發生的親子關係偏差，可能早在幼年時就已埋下問題的種子。**明白青春期大腦的運作狀況，可以反推現在該如何與孩子相處，避免有害的相處模式破壞未來的親子關係。

至於早就告別青春期的讀者，同樣可以藉此回顧自己當年所遭遇的危機，究明其中的真相，為挺過來的自己鼓鼓掌。

我認為，青春期是育兒的最後關卡，目的是為了「讓親子成為互相尊重的摯友」。猶如網路遊戲最後登場的總是最難纏的狠角色，青春期也是相當具有挑戰性的時期。

新生兒每隔三個小時就得餵一次奶（所以父母每睡兩小時就得起床一次），這迫使父母成為育兒戰士。而青春期正是育兒戰士的最終決戰。

為了我們所愛的兒女，請勇敢前行，用智慧應對吧！

第一章

當你習慣跟孩子說「不」，孩子只學會被拒絕

在解釋青春期的大腦結構之前，我想先向大家傳達一件至關重要的事。這件事重要到我一秒都不願耽擱，迫不及待要立刻讓家有青少年的父母知道。

那就是關於「說無主詞的『NO』」這件事。對你珍愛、重視的人，請不要說缺乏指明人稱的「NO」，像是「不要……」「不可以……」這類聽起來顯然是禁止、否定、質問、命令的話語，這對青春期的孩子尤其是大忌。

順便提醒各位，對於跟下屬或處於關係倦怠期的伴侶的說話方式，也是同樣的道理。

「不行！」「不可能！」的否定式教養

「不准！」「當然不行！」「說什麼啊?!」「別說蠢話，還不快去寫功課！」

這些話看起來是不是覺得很熟悉呢？這些都是缺乏主詞的否定句。

日本人經常對孩子說這樣的話，或也曾聽父母對自己說過。

相對於英語的「I think（我認為）」或是「I wonder（我能否）」，在日常對話中，日語經常省略主詞。拒絕對方時，多數人會直接衝口說出「不行」、「不可能」，特別是父母對孩子或上司對下屬。

因為沒有主詞，所以聽話者會假設句中的否定言論是基於社會共識、一般情況或通常規則而定，在解讀對方的話語時，會自行腦補添加一個「大家」、「一般人」之類的主詞，進而解讀成：「通常是不行的吧！」「一般人是不可以的吧！」

這種假設，會讓聽話者認為發言者是處於以高高在上的姿態，並以普遍被認可的社會規範，斷然地全盤否定自己。說出這種話的人，顯然也完全不會站在聽話者的立場著想。

此外，有時突然衝口而出的「不行」、「不可能」，讓人聽起來十分負面，就像是在說：「你真是沒用的傢伙！」

或許說話者只是單純要表達「這樣做（或「這次的做法」）是行不通的」，但聽話者的大腦則會自行填空補充，把主詞當成是「你這傢伙」。別以為這是聽話者因為胡思亂想，所以過度曲解對方的意思。其實這是大腦會基於生存本能進行自我保護機制，而做出的反射性反應。

你常用「NO」抹煞對方的創意嗎？

上司不應對下屬說無主詞的「NO」，否則員工會感到自己被主管否定，自尊心受損，連帶也破壞創意與思考力。在動不動就以否定、貶低、打壓態度的上司領導之下的員工，絕對不可能突破創新和發揮創意。

也許在二十世紀之前的企業使命，並不需要「創造夢想」，而只是為一般消費者「實現夢想」。冰箱、吸塵器、洗衣機、微波爐、冷氣機以及汽車，這些電器用品或交通工具在一九七〇年代的日本家庭並不普遍，市井小民都嚮往能擁有這些先進配備，製造業只要努力為消費大眾圓夢就好。

但當來到二十一世紀的二十多年後，一般消費者能想像到的產品幾乎都已問世，因此廠商努力的目標，集中在「生產超越市場預期，製造更夢幻的產品」。美國數一數二的巨頭企業，像是蘋果電腦、亞馬遜公司無不堅守此一理念，大膽追夢，這或許正是因為他們的文化傾向「不說沒有主詞的否定句」所造成的結果。

我們看商業英語的會話例句，可以注意到，在否定對方的意見時，遣詞用字通常都很有禮貌。由於語言的特性，英語通常會明確陳述主詞，對話中也經常給予善意回應，例如「這真是嶄新的創意，可惜我覺得實用性可能不高。」「我認為還滿合理的，但會不會有點太酷了。」否定句不會省略「It's」的主詞，更不會失控脫口就說「NO！」

在尊重對方的前提下，說話對事不對人，這是不會省略主詞的英語會話基本原則。在表達否定之意時，英語的表達方式更加細膩、委婉和有禮貌，這有助於維繫人際關係，避免傷害對方的情感，同時也會使討論更加理性和專業。

日本的企業文化必須避免使用「缺乏主詞的否定句」，否則將斷送年輕人的創造力。

當然，這樣的觀念更不用說在家庭關係中的重要性了。我覺得與上司傷害下屬的創造力相比，父母剝奪子女創意的罪孽更加深重呀。最重要的是，親子關係會因此變得不愉快，這令人感到萬分遺憾。

美劇中同理孩子的溝通心法

說到這裡，讓我想起四十多年前，在日本熱播的一齣美國家庭倫理劇《大草原之家》（Little House on the Prairie），內容是描述美國拓荒時代某家庭的溫馨日常。

早期的日本，多半選在黃金時段播出家庭倫理劇，我記得《大草原之家》也是在晚餐時段的NHK電視頻道播放。

當年十多歲的我，看到劇中的親子對話感到簡直不可思議。因為主角蘿拉的爸媽，從不會不分青紅皂白地斥責孩子。

故事第一季裡的蘿拉，只是個半大不小的十歲孩子，隨著劇情發展，充滿好奇心又個性好強的她，有時會因被莫名捲入麻煩而傷心難過，有時則是因無心之過傷害了別人。和世上任何時代的親子一樣，蘿拉的爸媽也無法讓孩子事事如願。但這時，他們會站在孩子的立場，接納孩子的感受，然後表達自己的心情與看法。例如，「媽媽認為妳勇氣可嘉，但還是免不了為妳擔心。」「爸爸可以體會妳的心情，不過我有另一個更好的做法，妳想聽聽看嗎？」

播出該劇的當年可是昭和時代的日本，至少就我所知，我身邊沒有任何父母是這樣對孩子說話的，連漫畫或小說裡也沒有類似的情節，所以我才會感到吃驚不已。

當然，在美國也有不願意傾聽的父母，就像《大草原之家》劇中，同樣有著個性蠻橫的大人，毫不留情就表達堅決的拒絕，然而，這些粗魯的成年人，最終還是會明白醒悟，並改變強硬的立場和態度。美國人（至少是製作本片的相關人士）心目中理想的父母形象，想必應該就是蘿拉父母這樣的作風吧！

父母是孩子人生中的第一塊絆腳石嗎？

蘿拉的爸媽向我們展現了出色的「父母語言」。

你注意到了嗎？一種是「不分青紅皂白地一口回絕」，另一種是「先同理對方再提出不同的意見」，儘管對蘿拉而言都是「被拒絕」，但結果對親子關係的影響卻有天壤之別。

那些試圖以「這怎麼行！不用問也知道。」的威權方式阻止子女選擇的父母，只會被孩子視為眼中釘。青春期孩子的想法如果一再遭到父母強勢打回票，自然會將父母視為「處處干預我人生抉擇的絆腳石」。將來長大成人，即使已經過了許多年，一旦遇到問題，孩子仍會想起父母當時斷然拒絕自己的表情，心生厭惡地想著：「唉～爸媽又不知要如何批評我了，真討厭！」即使父母是關愛自己的長輩，但是當遭遇困難時，卻得想方設法隱瞞，無法對父母敞開心房說實話。

另一種父母則會用同理心理解兒女的選擇，但也同時提出自己的「妙計」。他們會被孩子視為「人生導師」，願意陪伴孩子傷心難過，並且共同探討最佳解決方案來面對人生難題，是最棒的支持者。即使日後父母已不在身邊，孩子在面臨困境，對父母也充滿美好的回憶。

你想成為哪一種父母呢？是孩子避之唯恐不及的「眼中釘」，還是受孩子信賴的「人生導師」？你想要留給孩子的是苦澀慘澹的記憶，還是滿滿的愛呢？

相信任何人都會毫不猶豫地選擇後者。

那麼，再問各位一個問題——

當你想到自己的父母，他們又給你什麼樣的感覺呢？

很多人可能會對父母心懷一絲微妙的苦澀感，和無法擺脫的阻礙感。

的確，為人父母者總是想成為孩子的啦啦隊長，想給孩子滿滿的愛，但卻往往事與願違。其實你父母那一代（我跟他們也是同個世代），也衷心希望自己能像孩子所期望的那樣，親子間建立親密、支持和愛的關係。我們實在不該讓明明是「關愛」的心態，反而成為「絆腳石」的親子矛盾，無限循環下去。

為何戒不掉對孩子的禁令？

事實上，這世上幾乎不存在沒有矛盾糾葛的親子關係。

某種程度來說，這也是無可奈何的事。因為孩子年幼無知的時候，父母每每必須立刻出言制止孩子，才能守護子女的生命安全。

當剛剛學會站立的幼兒要伸手碰觸熱騰騰的味噌湯時，父母只能大聲喝斥「不行！」當還在蹣跚學步的孩子，哭鬧著要玩盪鞦韆，父母也只能狠下心嚴厲拒絕說「不可以」……

天下的父母在孩子最初的人生階段，都是用無數的「不行」、「不可以」，以確保孩子遠離危險。當危機迫在眼前，誰還顧得了說話有沒有主詞，誰還有閒情好言好語開導孩子：「你的心情我懂，但你想不想聽聽我的看法？」

習慣成自然以後，這種親子間的對話模式就在不知不覺間定型。於是，明明可以好好對話溝通的場合，父母卻根本也沒想到除了斷然拒絕孩子之外，還有其他可行的溝通方式。

是的，父母可能會不自覺地認為對孩子說話大可毫無顧忌。經年累月下來，當父母甚至已經高壽八十多歲，仍會習慣性地對五十幾歲的孩子這樣做。

「我瞭解你的感受」——從同理開始與孩子連結

孩子是會長大的，他們的自我也在日漸成熟，有朝一日終會開始對父母不由分說的否定態度感到難過或反感。

這個產生不滿情緒的「有朝一日」，究竟是什麼時候呢？

從腦科學研究來看，這一天來得比父母想像中更早。從孩子在大腦中「出現想法」開始，「理解情感」就是維繫親子關係的重要關鍵字。

舉一個三歲小女孩的例子做說明。

有一天，媽媽正為照顧小女孩的弟弟忙到不可開交，女孩想要幫忙，因此試著從一落已經摺好的乾淨衣服裡，抽出嬰兒擦嘴用的紗布巾，卻不小心弄倒了整疊衣物。

對於筋疲力竭的媽媽而言，「看妳做了什麼好事！妳是覺得我還不夠忙嗎？」這樣的想法會讓她情緒激動，於是她會血液直衝腦門，大聲責備：「不准碰，妳什麼都別動，別再給我惹麻煩！」但稚幼的孩子並非惡意搗亂。這個三歲的小女孩，她渴望模仿母親，也一心想要幫媽媽的忙，這樣單純的好意，卻被當做是在搞破壞，這是很殘酷的。在這樣的時刻，大人更應該同理小女孩的情感，對孩子說：「妳是想幫媽媽，對不對？謝謝妳，小寶貝。」這樣做會讓母女間的關係更親密。

其實，兩歲半的女孩已經擅長溝通，女性腦就懂得體貼他人、為他人著想。幼兒園裡兩歲的小班女童，會協助其他園童換尿布（其實她自己都還穿著尿布呢，笑～），扮家家酒時也會模仿媽媽的樣子，照顧玩偶娃娃，這些都證明她們是有心照顧他人的。

至於男孩的心思，比起與他人溝通，他們更全心全意專注在自己的興趣（比如汽車、火車）上。我認為，當你不得不拒絕想要買玩具車，或是吵著想搭電車的小男孩，而讓他們失望時，「陪他們一起難過」不失為表達同理的好方法。像我自己就會陪著兒子這樣做。

基本上，當孩子無法如願時，的確會滿難過的，但其中多少會添加一點「表演」的成分，有時候演過頭了，還當真會掉淚。像這種時候，我就會把兒子拉過來，拍拍他的背安撫道：「可以了，沒那麼嚴重啦。」

孩子分明有自己的感受，大人卻當他們只是沒有想法的小朋友，對他們斷然地回答「不行」、「不准」之類的拒絕，孩子雖然感到悲傷，但他們並不清楚大腦神經訊號所傳遞的意思，也還沒有足夠的字彙回應父母的強勢。這是兩歲幼兒小小心靈可能面臨的危機風暴。

都說兩歲的幼兒會經歷人生的第一次叛逆期，但用「叛逆」二字也未免冤枉他們了。父母如果能夠明白這是孩子「建立自我」的重要階段，就能欣賞孩子心無旁騖的專注。看到他們光是把面紙一張張抽出來，都讓他們玩到廢寢忘食，怎能不感嘆孩子擁有的純真好奇心呢？

「啊，糟糕～孩子的童年被我搞砸了！」有這種想法而感到後悔莫及的父母們，請不必心慌，想挽救還是有機會的。因為快到三歲時，大腦的「記憶連續性」會中斷，所以在這之前的危機不易留下心靈創傷。

關鍵是在青春期。

數理和創造能力VS.整理能力

孩子在童年時傷心難過的心情，漸漸轉為苦澀的感受，這種情緒會在青春期達到頂峰。所以，如果想挽救親子關係，要在孩子青春期之前，讓親子對話變為「理解彼此感受」的交流。第一步是注意溝通的禮貌，除非是生命危險迫在眉睫，否則父母絕對不要輕易拒絕或否定孩子的要求。

實際上，事情是否「攸關性命」與「具急迫性」的界線，並不總是那麼清晰明確，它可能在出現時會讓人感到措手不及或困惑，這時就需要立刻做出決策或評估。接下來，我要和大家探討這條界線。

對於家有青春期孩子的父母，現在討論這條界線的問題或許有點為時已晚，但在此我還是分享一下我的見解。因為孩子何以在青春期情緒大爆發，讓父母苦不堪言，與這條界線大有關係。以下建議對青少年而言，也可從中獲益。

父母最初為了保護孩子的生命安全，會設定許多禁令，之後隨著孩子逐漸長大，進而演變成限制孩子「都要吃飯了，不准吃零食」之類的規矩。與其說這是為了「保護孩子免受生命危險」，不如說是「出於善意的意見」。

當然也有些大人認為：「正餐可以攝取蛋白質和維生素，讓營養均衡，零食卻只會吃進有害健康的糖分。長此以往，是會要人命的！」所以，某些狀況的判斷，涉及到公說公有理、婆說婆有理的灰色地帶，不是那麼容易斷定。

不過，**「玩過的玩具要立刻收拾整齊」這類的規矩完全是大人自以為是的**

主張，因為「不立刻收拾玩具」並不會威脅到性命安危。而且從大腦發育的角度來看，我甚至會建議不要收拾。

大腦對空間認知的領域，包括測量距離、數數兒、透視結構、運算的數理能力，也與「肢體聽從大腦的構思進行活動」、「創新思維」等藝術和運動能力有關。

要訓練這個領域，必須藉由反覆進行「想像」與「創造」的交替才得以強化。比如，請想像一下，有個孩子耗費數天，一心一意用積木建構自己的太空站。當孩子在讀幼兒園和小學的成長階段，只要一有空，即使是在洗澡時，滿腦子也都在構思自己房間裡那個規模日益擴充的太空站。他還會想著：「等一下回到家，我要幫太空站加上這個、那個。」並試著實現這些想法。

萬一事情無法如自己所願的那樣成形，大腦會修正對世界的整體認知；而倘若真如同自己所想像的那樣運作成功，大腦也會更加強化這種「正確」的概念。無論是哪種情況，都有助於大腦的進步。所以，如果想要培養孩子的數理能力、想像力和創造力，就別強求家裡隨時都必須打理得像樣品屋一樣乾淨整潔。因為這些寶貴的內在能力，從某種意義上來說，和「整理習慣」是一種條件交換，這兩者必須有所取捨。

「懶得整理」的大腦，或許是因為渴望「能專注發揮想像力和創造力」，我們不能因而斷定這樣的大腦就代表「懶散、邋遢」。如果強行要求「不想收拾」的大腦必須養成勤於整理的習慣，可能會剝奪孩子未來的數理發展能力。當然，若經常督促孩子，確實有助於他養成整潔的好習慣，這點是無庸置疑的。

「邋遢數理男」與「整潔乖乖兒」，你要選擇哪一種？

我家兒子用了好幾年的時間，完成在家裡建構的太空站。儘管他是獨生子，但我們給了他一張雙層床，准許他自由使用其中的一層堆放物品，誰知道後來竟然兩層都堆滿了他的積木，然後地板也被積木占領，最後連躺下來睡覺的一丁點空間都沒有。

而他的數理能力也日益強大，後來進入研究所鑽研物理學，畢業後先是成為汽車設計工程師，然後繼承了我的公司。他源源不絕的創意總是令人嘆為觀止。他在日光的足尾買下一片森林，自己親手蓋房子，這可不是件簡單的事。他先完成木製露台，然後是小木屋，現在的工程進展到蓋「招待所」。他小時候用了好幾年時間孜孜矻矻地建構自己的太空站，現在的人生和當年可說是別無二致，他也懷抱和童年時一樣的熱情，與一票玩伴互動，不同的是，如今更加入可愛的老婆，以及精力充沛的小寶寶。

此外，兒子的廚藝還遠遠凌駕於我之上，就在我振筆疾書的此刻，他正在廚房料理前天從森林採摘的蕨菜和竹筍，準備烹煮山菜炊飯。

兒子的數理能力、想像力和創造力確實出類拔萃，我對他沒有絲毫可挑剔之處，但是孩子的爸卻有話說，他嫌兒子過於「邋遢散漫」。他認為兒子只要下定決心，就能把環境整理好。但兒子偏偏就是非常不善於維持整潔，用過的浴巾隨手丟在臥房，脫下來的內褲直接扔在客廳；他也會幫小寶寶換尿布，可是換下的髒尿布他就隨手丟在地上不管了。

那麼，周遭親友又是如何看待我兒子呢？他們大多認為，這孩子的創造力可以不必那麼突出，倒是整理環境的功夫不妨多多加強。

如果兒子的性格可以像指定牛排要煎到幾分熟（想像力與整理能力各五分，保持平衡狀態），我也想這麼做。然而孩子與生俱來的大腦就是這種類型，這也是無可奈何的事。

話雖如此，但和這孩子一起生活還真是有趣。

在大腦裡，有「能做到的事情」，也有「辦不到的事」。一個人在某些方面可能很出色，但也會有無法勝任或不擅長的領域。我兒子的潛意識八成認為「如果不把脫下來的內褲隨手丟，就無法吃到美味的山菜炊飯了。」然而我和我兒媳婦都認為，既然難以兩全，那還是把自己的內褲收好更重要，即使不能享用美味的山菜炊飯也沒關係啦！

教養，可以不按照世俗標準

究竟是要讓孩子大腦的既有思維成為習慣，還是要稍加調整，予以管教，這都取決於父母，所以我並沒有責備那些動輒督促孩子「快點整理，不整理就不給你吃飯。」的媽媽們的意思。

然而，對於無論叨念孩子多少次卻始終無法改變的事，我認為不如就放他們一馬，這樣才能幫助孩子發揮他們的天賦。這並非危言聳聽，而是大腦這個裝置結構就是如此運作的。

我必須再次提醒為人父母者，**青春期是孩子的大腦在塑造「個性」（情感迴路）的時期，想要培養孩子的感受力，就要有犧牲部分教養方式的覺悟。**

當然，很多日常生活的規矩是不能妥協的。比如若是不想刷牙就不刷，這種事是絕對不行的。

但是話說回來，如果我們仔細斟酌，或許會發現某些自己深信「絕對不可通融的事」，其實根本不需如此計較。

至少在我家，「不收拾玩具」和「衣衫不整」是可以接受的。兒子很討厭穿內褲，當年他常一絲不掛地組裝他的太空站。他高中一年級時，我就允許他騎機車；如果書本或CD弄丟了，我並不會責備他，而是拿錢讓他再去買。此外，全家動員跟兒子共同完成暑假作業，一直是我們家的傳統，因為我們認為，大家一起寫暑假作業，更能激發大腦的想像力與創意。

一些外界認為不合適的事，在我家是被允許的。

我認為在孩子進入青春期之前，保留幾項可以特別通融的事，對孩子有益無害。

「嗄？這種事情你爸媽都不管嗎？」父母的寬容會讓孩子的同儕羨慕不已

（正確地說，是驚愕無語）。孩子會因此認為，「爸媽竟然可以不顧外界的看法而尊重我的意願」，各位父母是不是覺得我這個「戰略」還挺不賴的？

下次當你又想對孩子衝口說出「不可以」時，不妨先想想，「這件事真的會危及孩子的性命嗎？」或許你會發現，教養孩子其實不需要如此錙銖必較，也有可妥協之處。

總之，奉勸各位，對於超過十五歲以上的人，除非他試圖要走已經斷了的吊橋，否則最好別不分青紅皂白就說「NO」，這是為了建立親子間成熟、互相尊重和互相理解的關係。

而互相尊重的第一步，就是父母要戒掉在孩子還小時，就養成動輒對他們說「不可以」「你休想」「別傻了」的習慣。

真正愛你的人，會想要你成為「你自己」

為了完成這一章節，讓我回想起《大草原之家》這部電視劇，忍不住要在此分享女主角蘿拉的母親，在劇中的一段神回應。

那時蘿拉正值青春期。

蘿拉有位美若天仙的姐姐。她這位姐姐膚白似雪、酥胸豐潤、髮絲光艷，是眾男孩仰慕的女神，就連蘿拉心儀的少年，也拜倒在姐姐的石榴裙下，這讓青春期的蘿拉很是吃味。她開始在臉上塗上白粉，在胸前塞棉花，想把自己打扮成「人工美少女」。

媽媽撞見蘿拉的行為，便對她說道：**「如果妳把自己打扮成不是自己的模樣，那麼非妳不愛的人要如何找到妳呢？」**

時隔數十年的今天，當我寫著這句對白時，仍然感動到眼眶發熱，因為這句話曾經在我充滿自卑感的青春期拯救了我。對渴望提升自我肯定感的青春期女孩而言，沒有任何一句話比這句台詞更加鏗鏘有力了。

這世界上確實有絕世的俊男美女，但即使是美到不可方物，他們仍無法獨占所有人的愛。

愛一個人，是從注意到他的「不完美」開始

大腦會被異性的優點所吸引，然而令人意外的是，**對方的缺點才是讓我們情不自禁墜入情網的罩門**。

透過電腦演算，可以打造出黃金比例的俊男和美女，但是你或許難以想像，這般無懈可擊的高顏值，卻難以令人動心。反倒是兩眼間的眼距寬一點，會讓人覺得看起來可愛；豐厚的嘴唇，顯得特別性感。種種看似完美，卻有著「不協調」的小瑕疵，才是令人瞬間愛上對方的原因。

這話聽起來似乎不太合理，背後其實是人類大腦的認知特性在作怪。

動物腦的基本感知是為了「生存」。大腦的第一要務是要在危機四伏的環境中求自保，而「和諧中的破綻」與「不協調」，都可能是威脅生存的不穩定因素，也是大腦不容忽視的訊息，所以當然會立即注意到它們。所謂的「反差萌」就是這樣來的。

「和諧中的破綻」不只顯現在外表，也會暴露在行為中。例如，俊帥的酷男竟然不敢一個人進餐廳單獨吃飯，打扮時尚的都會女性不小心吐出方言，或是幹練的女強人偶爾流露出脆弱的一面。比起無懈可擊的完美，不經意暴露的小弱點，更能展現一個人的魅力。

包容孩子，也是對自己寬容

我希望這世上所有的孩子都能在「願意包容自身缺點」的家庭中長大。在父母接納孩子這些特質的過程中，他的天賦得以發展，如此一來，那些缺點也會轉化為個人魅力。

對於那些因為自身缺點而不斷被指責的孩子，會累積心理壓力，並削弱與生俱來的天賦。儘管在大人的強勢調教下，或許可以長成「完美的大人」，然而這麼一來，他的小缺點非但無法成為魅力，反倒埋下了自卑的種子。

如果有讀者是在父母極為重視社會觀念下的教養中長大，而你的獨特之處不被愛面子的父母接受，沒關係，那不是你的錯，請你不要太過自我苛求，一定要放過自己。

我的建議是，**當你試著包容孩子的缺點時，會意外發現你也會更坦然面對自身的缺點。學會對孩子寬容以待，就是父母的一趟「自我解放」之旅。**

「如果妳把自己打扮成不是自己的模樣，那麼非妳不愛的人要如何找到妳呢？」

我要把蘿拉母親的這一席話送給你。如果將「非你不愛」改為「非你不可」，道理也是相通的。

AI世代的教養升級版

俗話說「慈母多敗兒」，然而真是如此嗎？溺愛真的會讓孩子變得任性嗎？事實上，當一個人在可以被原諒之處受到包容，壓力自然會減輕，心胸更開闊，也不會固執己見。

還有人認為，溺愛會導致孩子將來在社會上更容易遇到挫折。不不不，這也是父母的窮操心。讓孩子自由發揮天性帶給他們的自我肯定感，必定可以應對各種狀況。

日本從明治維新到昭和時代的高度成長期間，普遍認為所謂「有用的人」，是指「不遲到、勤奮工作、有禮貌、完美無瑕的人」，這是因為當時的社會需要大量像「機器人」一樣，可以精準完成被分派任務的人。

然而到了二十一世紀，AI人工智慧成了「可以精準執行指令的機器」，和AI共同生活的人類，不應再以「成為社會的一顆齒輪」為使命，而是要更人性化地生活，將天馬行空的想法付諸實際行動，這才是身為人類的重責大任（畢竟這是AI無法做到的）。

生於二十世紀的我輩，當年的成長背景與今日的環境已經無法同日而語，所以如今再也不是可以動輒對孩子說「不」的時代。

讓孩子明白：即使被否定，表達感受也是有價值的

許多人在青春期或轉大人前後，可能會覺得自己的特質與個性逐漸被環境壓抑。

過去的少男少女，即使有滿腔的熱情與感受也不容抒發，然後逐漸長成忍氣吞聲的大人。但如今的風氣都鼓勵年輕人勇敢說出真心話，以無畏的態度迎向未來。

在孩子人生的早期階段，父母如果在回絕孩子的同時，也表達出「我能明白你的感受」的同理態度，這會在孩子的大腦裡建立「即使被否定，表達感受也是有價值的。」這樣的概念。

養成如此堅定的自我肯定感，正是給生活在二十一世紀的年輕人最珍貴的禮物。

第二章

青春期的腦內風暴

成人腦與孩童腦的機能不同，這是因為它們的任務性質不一樣。

孩童的大腦被賦予「感知世間所有一切」的使命，簡單來說，就是一種「輸入裝置」。成人的大腦則是為了「高效達標」而運作，相對於兒童腦，成人腦是一種「輸出裝置」。

當然，從「輸入腦」到「輸出腦」，並不是一朝一夕就能立即切換的，必須歷經十二歲到十五歲的三年轉變期。沒錯，青春期就是大腦的轉變期，這三年和人生中其他的任何三年都大不相同，而這正是青春期孩子所要面對的現實。

特定氣味會將記憶帶回童年

孩子是透過「感官體驗」長記性的。兒童腦在記憶時，會附帶保存從五感接收的情感信息。

在回想十二歲之前的記憶時，你是否曾連帶浮現彼時的味道或氣息呢？每當我回想起小學五年級到隔壁城鎮的游泳池時，就會感受到在泳池邊吃炒麵的味道；或是想起鄉下奶奶家的簷下迴廊，就好似依稀聞到從長滿青苔的庭院裡飄來的潮濕氣味。

某位作家曾經在周刊連載的散文隨筆中寫道：「十二歲前的記憶會充滿味道與氣息」，「只要想到搭乘鄰居伯伯的CORONA，昭和時期新車特有的座椅氣味，還有當時含在嘴裡的不二家牛奶糖味道，就會再度浮現。」

是的，**兒童腦的記憶方式就是「全方位的感性」，他們不僅記憶事物本身，還包含與之相關的感覺、情感和周圍環境的經驗。**

你的孩子是過「五感」生活，還是「無感」生活？

五感信息是理解「世界」由什麼構成，以及它是如何存在的重要信息，也是未來人生創造力的源頭。

從小聽著風吹過竹林的吱嘎聲，以及黃昏時分雨水落在竹葉上淅瀝聲長大的少年，也許會因為喜愛聽風雨和鳴的聲音，在長大後成為木造建物的建築師，因為他對能夠與自然環境相融或產生共鳴的建築很感興趣。

這樣的感受唯有親身體驗過才會懂得，而這種感性正是「他人欠缺，是個人獨具的創意」。一個人的獨特之處，即在於他的感性記憶力，也就是他能創造多少富含感性的記憶。

十二歲之前的大腦可說是感性記憶的全盛期，之後就會步入轉變期。直到轉變前半期的十四歲左右，都可以稱為「感性記憶的時期」。

站在我研究的立場，是將大腦當做一部機械裝置，在拆解分析後，觀察十四歲之前的大腦接收到多少感性信息，這對日後的發展至關重要。此時若是對孩子進行「符號式的資訊填鴨」，也就是將想要傳遞的訊息簡化成符號，以便傳達或讓人理解，這在我看來非常可惜。

孩子就應該盡情遊戲，盡情閱讀，與他人相處，與大自然互動，與世界接軌，充分體會興奮激動或傷心難過的各種感受；在學習上，則是要體驗「得知真理的激動」和「摸索到方法的興奮」。在孩子十四歲之前，我並不建議採用「僅灌輸學習技巧」的方式，這只會讓孩子產生「空洞模糊的記憶」，除了拿來應付考試以外，別無用武之地。

感性記憶有利創意，但不適合即刻做出決定

感性記憶是直覺與想像力的泉源，也是人類力量之源。但另一方面，這種未成年的大腦在運作上也有明顯的缺點。因為每個記憶的信息量都很大，也與附帶信息互有關連，所以搜尋速度較慢，並不適用於必須當機立斷的緊急狀況。此外，因為每一項記憶彼此間的差異過於鮮明，難以抽象化，不容易

建立完整的資料庫，因此要在大腦進行全面搜索確實有其難度。

也就是說，**帶有感性的記憶可以作為發揮創意的素材，但不適合「即時做出正確判斷」的狀況**。成年人的日常生活充滿必須迅速應對的各種情況，如果僅憑感性記憶的運作，可能會令人感到不安，所以大腦勢必需要改變，以因應這種需求。

成人腦依賴「當機立斷」的直覺

成人腦的特徵在於能善用「差別記憶」。也就是說，在體驗新事物時，兒童腦會直接全盤記憶，但是**成人腦會先提取類似記憶，試著判別狀況，然後迅速辨識「與類似事件的差異所在」，並記住這些不同之處**。

生活在危機四伏的地球上，如何讓自己化險為夷，是成人腦絕對不可欠缺的保命本能。即使是生平頭一遭的新體驗，成人腦透過「瞬間直覺」的運作模式，即可快速採取應對措施，萬一遭遇危機，便得以在第一時間自保，這都要憑藉「當機立斷」的直覺。

大腦會選擇性地記住不同事情的差異性，藉此大量節省記憶容量。此外，由於只針對類似的多項數據中之共同部分進行更普遍的歸納，這樣的運作模式，可以建立概念式的多層次結構。透過搜尋追溯這個結構，就能進行「全面檢索」，找到類似的記憶。

這是多麼合理而有效率的運作模式呀！

話雖如此，但這種運作方式仍會遺漏一些細節。

成人腦習慣驟下定論

這已經是好幾十年前的往事了。

那天我和幾個朋友在頂級大飯店裡享用冰淇淋，其中一位女性友人說：「這味道嘗起來和〇〇很像呢！」她說的是某高檔的市售冰淇淋品牌。有位朋友也出聲附和：「是啊，確實很像。」「那去超商買〇〇冰淇淋就好了呀！」但另一位朋友說：「不，不一樣，我們現在吃的這款冰淇淋入口時層次醇厚，在嘴裡化開後口感卻清爽無比，這種反差是〇〇牌吃不到的喔。」「就為了這樣花大錢？」「是呀！」語畢，我們幾人相視而笑。

當時我不禁在心中讚嘆：多麼了不起的成人腦呀！換成是不到十二歲的孩童，享用這款頂級大飯店引以為傲的招牌冰淇淋時，他會將這份可口美味原封不動地植入腦海中：用優質鮮乳精釀而成的醇厚口感，透著乳脂特有的香氣，包括精緻的器皿、講究的擺盤、侍者送餐時優雅的動作……等，全都會被一一記入腦海中。

即使超過十二歲，在二十八歲之前的大腦仍都屬於「懂得細細品嘗高級冰淇淋滋味」的「輸入裝置」，不會輕易驟下結論。

然而隨著年歲增長，大腦會變得越來越武斷，人更加傾向下定論。年過四十歲以後，會更常說出類似「啊，這就是那個○○嘛！」之類的話。

當大腦驟下結論說出「這就是那個○○」這類的話時，原本敏銳的感性信息接收能力就會被屏蔽，所以上了年紀以後，人們越來越難像小時候那樣天真地感到快樂。我認為，**如果想將「初體驗」當成禮物送人，那麼年輕人會比較容易因為這份禮物而感到開心。所以中年男子總喜歡請年輕女孩吃大餐的心情，我是可以理解的。**

為什麼大人總愛倚老賣老？

儘管如此，並不表示人上了年紀以後就不會再受到感動。成人腦在「大膽歸納共通點」的同時，對事物間差異的分別也越來越細膩，到了一定年紀之後，反而能夠深刻品味所謂「頂級」的體驗。以前面提到的品嘗冰淇淋為例，大人會只為了體會「入口的醇厚層次，以及在嘴裡化開的清爽反差。」而花費時間與金錢也在所不惜。

以前某品牌咖啡打出的廣告文宣是這樣的：「這是男性專屬的咖啡。懂你的就是不一樣！」畫面配合一排成年男人的側臉剪影，以此訴求消費者的共鳴。「深諳品味差異」確實是成熟大人腦的特質。

正因為如此，所以大人喜歡談論「差異性」。當年輕人眉飛色舞地分享自己的旅遊見聞說：「上次我去福岡，吃了道地的博多拉麵喔～」這時大人可能就會潑冷水地說道：「呵呵，這你就不懂了，博多拉麵只是個籠統的說法，這裡面學問可大了……」

沒錯，**讓年輕人秒怒的，正是這種「愛賣弄學問的大叔」，這種自以為是也是伴隨成熟腦而來的副作用。**

不過，同樣懂得箇中不同的成熟女性，並不會這樣輕易賣弄學問，原因是女性腦總是以「同理」為優先考量。所以女性，例如中年女性，她會先說：「我十年前也去過博多吃拉麵耶。」或是「博多拉麵口味真的不錯」，然後才話鋒一轉說：「哎呀，你都到福岡了，怎麼沒去吃○○拉麵呢？下回一定要去試試看呀！」追加諸如此類「帶有推銷式的知識賣弄」。

其實，不管是大叔還是大媽，其實他們完全沒有任何惡意，只是因為想把自己大腦所感知的「微妙差異」傳達給你，純粹是出於「好東西要跟好朋友分享」的心情，只不過他們都忘了自己年輕時也曾討厭年長者的賣弄，換了一顆新腦袋後便忘了舊腦袋的感受，這也算是大腦的悲哀吧。

孩子最不缺的就是「說教」

成人腦「驟下結論」的特徵，在三十歲後會特別明顯。到了五十歲之後，則開始渴望談論喜歡事物的差異性。也就是說，家有青春期孩子的父母，正值人生「驟下結論」與「探討差異」之間的中年階段，這就意味著他們勢必和青春期大腦正面對決，是親子衝突最劇烈的危險期。

處於輸入期的年輕大腦，具有全神貫注於體驗當下的強大能力，這樣的大腦對於成年人將年輕人的經歷，輕易歸結成「那不過就是○○嘛」特別反感。自己正為了「一期一會[1]」的珍貴體驗而興奮雀躍，父母卻反應冷淡，將孩子的感動視為「司空見慣的小題大作」，以虛應故事、或不當一回事地敷衍回應孩子的激動心情。

萬一這時大人又賣弄起「這你就不懂了，所謂的頂級，必須是……」這種自以為是的長篇大論，對年輕人來說，無異於是妨礙他們專注體驗人生的惱人噪音，只會觸怒他們敏感的神經。

所以，**想要讓年輕人覺得你這個大人「還滿酷的」，就要盡量避免「妄下論斷」與「賣弄學問」**。

唯有在協助孩子排解煩惱時，父母才可展現果斷力，目的是要「快刀斬亂麻」。比方說，當孩子為人際關係煩惱不已時，不妨直截了當告訴他：「那不過是對方嫉妒心作祟，你無須為這種事困擾，只要問心無愧，坦然面對就好。」像這樣，父母只要偶爾在特定的場合或有必要時再發表高見，顯示你是個成熟而有智慧的大人即可。

為何大人不懂孩子的世界？

十四歲前的感性記憶期，對於大人的「妄下論斷」和「賣弄學問」特別反感。

如同前面提到，**兒童腦可以感知許多大人無法察覺的感性信息，因此當大人驟下斷言時，他們會驚覺「大人原來竟是如此膚淺」，這令他們感到失望。**

---

1 譯註：「一期一會」是源自日本茶道的成語，意指「一生只有一次的相會，所以賓主都應盡其誠意」，後來泛指一生一次的機緣，強調要珍惜當下。

「大人根本不懂！」這是全世界的孩子們常說的話，然而一旦自己成為大人，我們就完全忘記當初說這話時的心情。就像我前面也提到，「轉大人」後的新大腦，會把舊大腦曾經的感受忘得一乾二淨。

那麼，被孩子抱怨「根本不懂」的大人，又是如何回應呢？多數大人都認為自己比孩子更了解這個世界，所以他們會理直氣壯地回嗆孩子：「不懂的人是你！」少數比較理性的大人，則會回說：「彼此彼此啦」。然而，這並非雙方真的都不懂、勢均力敵的那種「彼此彼此」，其實孩子對世界的感知要細緻得多，他們會認真觀察大人忽視的事物。

以前我面對還年幼的兒子時，總是心存尊敬、憧憬與崇拜之情，還不免帶著幾分羞愧，因為我知道他能夠感受到我所看不到、缺乏感知的事物。他總是像「小王子」[2]裡的主角，時時在不經意的話語中展現令人驚訝的睿智，並且始終讓人覺得溫暖。

如今我兒子已邁入三十大關，也來到「妄下論斷」的年紀，他一方面展現令人欽佩的精準判斷力，但那種如「小王子」般的溫柔也漸漸消失無蹤了。

說來難免感傷，大腦總是從不停歇地前進。幸而堪以告慰的是，我家今年有位新的「小王子」誕生。我的這個孫子幾乎完全復刻了原作插畫裡的小王子，有著精巧的小臉蛋、修長的雙腿，還有下巴的輪廓與雙肩的線條，活脫脫就是「小王子」再世，酷似得令人難以置信！

抱著我的小孫子時，我再度帶著尊敬、崇拜與羞愧的心情，就如同我三十年前抱著兒子那般。他擁有能洞悉一切、具有感性的大腦，雖然他還不會說話，但絕不該因此就被輕視。

2 譯註：小說《小王子》（Le Petit Prince）裡的主角。該小說為法國貴族、作家、詩人及飛行員安托萬·德·聖修伯里（Antoine de Saint-Exupéry；一九〇〇年六月二十九日－一九四四年七月三十一日）的創作。《小王子》是全球最暢銷小說之一，有二百五十多種語言版本，銷售超過兩億冊。內容主要描述來自B6-2星球的小王子，向一名飛行員講述自己到訪地球之前的奇幻旅程。

青春期的大腦是用「升級版的硬體」跑舊版軟體

大腦的變化，是從生理結構層面開始發生的。

年過十二歲的孩子，自然而然就能夠處理抽象概念，變數方程式的解題也難不倒他們，若不是具備一定程度「差異認知」的能力，是不容易處理這類數學題的。所以早在中學時期學習數學之前，大多數孩子已經開始進入成人腦的階段了。

腦科學家把孩童九歲到十二歲之間的三年期間，稱為「大腦的黃金期」。這段時間，腦神經細胞的迴路急遽發展，可謂「兒童腦的最終調整期」；也就是說，兒童腦在十二歲時臻至成熟，之後就開始朝成人腦發展。

十二歲孩童的大腦可以進行認知差異，能夠從「過去的記憶」迅速提取類似的事件，並判斷狀況，然後採取某些應對行動。

然而仔細想想，這階段只不過是在成人腦漫長發展旅程的初期。但孩童腦內的「過去記憶」可能還不完備，他們腦內的記憶大半是以兒童腦模式儲存的，成人腦的經驗幾近於零，所以是用**「升級版的硬體」在跑舊版軟體。處在大多數檔案與硬體不相容的狀況下，發生系統失誤也就在所難免。**

父母要有被青少年討厭的勇氣

原本從不遲到的孩子開始變得不守時，本來不會掉東西的孩子現在會丟三落四，性情溫和體貼的孩子竟然對朋友大發脾氣，還說出「你去死啦！」這樣傷人的話。在這些變化中，受傷最大的，其實是孩子自己。

過去還在孩童時代的他們，每天早上都會高高興興地起床，現在卻進入只要醒來就覺得厭世的青春期。以前一見到爸媽就會超開心地飛奔過去，纏著父母不放的孩子，如今卻一見到爸媽就感到厭煩，連最親愛的媽媽也成了他們口中的「死老太婆」。青少女只不過是瀏海被剪短了一點，就一把鼻涕一把眼淚，拒絕去上學；連和爸爸同在一個屋簷下，呼吸同樣的空氣都感到無法忍受……這些全是青春期大腦可預期的系統失誤。

如果事關霸凌、犯罪等惡行，那絕對不容寬貸；但如果人際交往、行為舉止等沒有太大問題，只是單純的「在家中變得性情古怪、惡形惡狀」，其實並不值得大驚小怪，因為此時的孩子是以「系統失誤的裝置」在進行運作，出現錯誤行為也是必然的。事情純粹就只是如此而已。

父母倘若因此內心忐忑，認為是自己教養無方，而四處尋求解決之道，恐怕也是白忙。此時的父母只能寄予孩子溫暖的同理心，心疼他們：「唉，可憐的孩子，這系統失誤也太嚴重了！」

女兒大了，嫌惡父親是「健康」的表現

方才列舉的諸多青春期問題行為，都是可預期的大腦內部系統失誤，唯一

例外的是女兒嫌惡爸爸這件事。**「和爸爸同在一個屋簷下，呼吸同樣的空氣，都感到無法忍受」，這並非系統失誤，而是完全正確的反應。**

生物會本能地避免與近親的遺傳基因結合，所以在進行交配行為之前，能夠先察覺遺傳基因的情報，將「與遺傳基因近似的對象」排除在發情的對象之外。而透過交配結合產生的遺傳基因組合越多樣，後代子孫存活的可能性就越高。例如若是耐寒的基因與耐熱的基因互相結合，那麼不論地球暖化或是寒化，後代都會有更高的活命機會。生物就是基於這種多樣性理論而繁衍生息。

遺傳基因的近似性，是由HLA（human leukocyte antigen，人類白血球抗原[3]）來判斷。HLA是製造免疫抗體型態的基因，能讓大腦憑藉異性的體味等訊息，感知到遺傳基因的近似性。一旦察覺自己與對方的HLA基

3 譯註：人類白血球抗原是免疫系統中的蛋白質，由數個基因共同控制，位於第六號染色體的短臂上。它決定器官移植患者與捐贈者的細胞是否產生反應。抗原越相似，排斥反應越小。只有同卵雙胞胎或複製人的HLA完全一樣。

因相似度很高，就不會對其動情。

女兒會利用得自父親的HLA遺傳基因進行判斷，結果是「父親的HLA遺傳基因與自己完全一致」，因此是這世上最不可能結合的對象。

在此附帶一提，HLA遺傳基因的型態與費洛蒙的氣味型態是一致的，所以**透過體味中的費洛蒙，就可以讓我們感知到「對」和「不對」的人**。氣味成了決定性關鍵，感知「對」的男性，其體味令人愉悅；而「不對」的男性，其體味會令人作嘔。這就是為什麼青春期少女面對最不可能的對象（父親）時，會覺得對方的氣味令她們無法忍受。

各位不妨想像一下，某一天，女兒大腦中用來判斷遺傳基因近似性的開關忽然打開了，對她們來說，這就是一夕間的天翻地覆。當這天早上醒來，自己最親愛的老爸忽然成了「討人厭的臭老頭」，甚至連一起同桌吃飯都感到厭惡，父親剛洗過澡的浴室也令人作嘔，只希望父親別和自己說話，別瞧見自己。這樣身不由己的轉變，也都是無可避免的事呀！

當然，大多數女兒並不會直接說出這樣的感受，她們可能會盡量將早餐時間與父親錯開，或是避免和家人一起待在客廳，以這類巧妙的方式不著痕跡地度過尷尬期。

然而父親也不是木頭，不可能對女兒的變化無感，以前女兒總是跟前跟後，嬌嗔地嚷著「以後我要嫁給爸爸～」但現在只要自己一回到家，女兒立即一溜煙地躲開；問她在學校好不好，也是被冷回「還好」、「馬馬虎虎」，就連在過道錯身都避得遠遠的，寧可趕緊躲進房間不出來。

父親與青春期女兒要保持剛剛好的距離

雖然說起來不免感傷，但為人父親者請暫時忍耐。這樣的生理嫌惡，是可以用理智克服的，總有一天，你的掌上明珠會重新回歸，但前提是父親不能對女兒的冷淡閃躲大發雷霆，也不可不分青紅皂白就妄自論斷，或一開口就對女兒說教。

面對孩子的青春期，大人只求風平浪靜好過日，雖然你有時真想怒罵孩子：「是誰讓妳有飯吃的?!」但有些話最好還是別說出口。

我父親是在昭和初期出生的，他就經常把這句話掛在嘴邊。每次他這樣質問我，我都會暗自發誓：「這輩子絕不讓任何人再這樣對我說話，我要靠自己的努力養活自己！」一直以來我始終堅持自食其力，勤奮工作，這都多虧了父親的調教。但也正是因為如此，讓我無法成為依賴別人生活的可愛小女人。

說到這裡，就讓我想起我媽身為家庭主婦，每當父親向她討恩情說：「是誰讓妳有飯吃的?!」母親總是臉不紅氣不喘地回答：「家裡有飯吃當然是我的功勞，如果不是我煮飯，你難道要啃生米嗎？」專職家庭主婦的確能夠理直氣壯地回嘴，因為她們可不是靠丈夫才能吃飯與存活的。

總之，無論父母怎麼教養，女兒終會成長茁壯。為了避免產生不必要的摩擦，父親們最好還是避免與女兒起正面衝突。

愛唱反調的刺蝟少年

讓我們在此做個總整理。

青春期特有的乖張、壞脾氣，是因為「大腦劇烈轉型而導致的系統失誤」，所以對這時期孩子的言行過於在意或糾結是毫無意義的，因為此時的孩子根本心口不一。

父母不必過於計較或細究青春期孩子的一言一行，只要了解他們「正處在壓力鍋中」。當孩子做出令大人看不慣的行為時，父母更該給予他們溫暖與同情，抱持「可憐的孩子，其實你並不是真的想說這種話吧！」的心態。

不過，奉勸各位千萬不要直接表達這種同情。青春期性格乖張的大腦滿是碰觸不得的地雷，如果你膽敢說出這樣的話，他們可能會回嗆你：「哎喲，你不懂啦」、「不用你管啦」。

我自己就曾想過，倘若兒子對我爆粗口時，我逗他一下應該沒關係吧？我會緊緊抱住他，疼惜地說：「可憐的孩子，青春期的大腦錯亂，讓你受苦了。」但兒子終究還是忍住，沒有這樣飆罵過我。有一次，他曾經罕見地大動肝火，我在心中暗忖：「終於要罵我『死老太婆』了吧？」結果他說：「哈，妳很期待我說吧！我就偏不說！」明明我啥都沒講，兒子怎會料中我的心思呢？想必一定是因為我不自覺流露出滿懷期待的笑容吧！

溫柔的同理無須用言語也能傳達，光是不責備孩子就已經足夠。如果還能讓孩子吃到好料，那你就更棒了。

讓壞心情變好的魔法

平日留意那些可以讓孩子開心的小物，或許能夠小兵立大功。

大腦會受到習慣的驅使，改變神經信號。比方說，嘗到「在快樂時常吃的點心」，大腦便會自動發出幸福感的信號。所以，借助開心時刻的慣用物品，能有效緩解壓力。

例如，孩子放學回家後覺得放鬆時，習慣喝杯可可，那麼可可就會讓他產生熟悉的輕鬆感。或是孩子最愛的某種零食、最愛吃的某道菜，甚至是最愛哼唱的某一首歌、最專注的嗜好等，總會有那麼一兩件特別的事物才對。

事先準備好這些能轉換心情的物品，將它們不經意地放在視線所及之處。每當情緒煩躁、想要開罵，或是必須講一些言不及義的場面話時，往往能發揮意想不到的大功用。開心小物或許並不是每次都奏效，但是話說回來，會讓人情緒失控，久久無法平復的狀況，人生恐怕也難得幾回吧！

將能轉換心情的開心小物運用在夫妻關係也很有效。

比方說，老婆總會有幾樣喜愛的甜點零食，呆頭鵝老公如果還不知，建議你趕緊找機會邀老婆一同出門散步，順道逛進便利超商，看看她都買哪些點心零食。

當你情緒煩躁，諸事不順，心情盪到谷底時，如果看到冰箱裡有你最愛的巧克力，大腦不知會有多開心。妻子多半是家中情緒比較浮躁不安的人（這其中大有原因，詳情請參考《老婆使用說明書》一書），丈夫若是懂得妻子最愛的東西，絕對可以幫上出乎意料的大忙。如果將老婆大人的最愛與你們兩人的甜蜜回憶相互連結，效果更加倍。

所以，夫妻平常就應該培養默契，共同決定兩人在幸福時刻會一起享用的甜點。「兩人散步時，經過便利超商，老公必定會幫老婆買她最愛的零食」，如果能養成這樣的小習慣，不是很浪漫嗎？

夫妻口角，久久不能和好時，老公溜出家門幫老婆買她最愛的甜點回家，想必吵架的壞心情也會很快就煙消雲散吧！

產後的妻子為何總是對先生不耐煩？

有時人們會沒來由地暴跳如雷，或是莫名陷入沮喪消沉，情緒常常看似毫無道理可言。想要強行平復壞心情，卻總是徒勞無功，因為這些看似「負面的言行」，對大腦而言也具有重要意義。

在此以「母性」為例。

我研究的腦科學，是將大腦視為一部電路系統裝置，人際關係猶如裝置裡的網路系統，而「母性」就是一種能保持冷靜與理性的信號處理機。

母親這個「裝置」，為了將兒女平安養育成人，會把所有資源（時間、專注力、精力、食物、金錢）全都投注到孩子身上，甚至不惜壓榨所有她能夠榨取的對象，直到將對方的資源吃乾抹淨。人類是幼年期偏長的哺乳類，身為人類的母親，如果不這麼做，是無法成功將孩子養大的。

而孩子的父親（也就是母親的老公）就理所當然成為榨取資源的對象。妻子在還未生養孩子的新婚時期，會甘願將自己的資源奉送給丈夫，然而一旦有了孩子，先生的一切都會成為妻子榨取的資源。

新婚燕爾的老婆幫寶寶換尿布，需要老公幫忙遞溼紙巾時，她會輕聲細語地說：「親愛的，拜託一下，幫我拿那個。」「多謝了，親一個！」可是漸漸地，原本溫柔的老婆不知何時開始變得粗聲粗氣，「喂，那個，拿過來！」「什麼啦？」「嗄?!（不耐煩）」因為這樣做就可以把給予丈夫的時間（包括對話和精力）都降至最低程度。

倒不是因為先生做錯了什麼事，也不是太太變得不可愛了，而是大腦的策略必須如此運作，就連大腦的主人也沒自覺情緒起了變化。

如果從心理學的觀點解釋，脾氣陰晴不定的老婆恐怕會被歸類在「憤怒管理」失敗的案例吧？或是歸咎於產後憂鬱、歇斯底里。難道身為人妻就應該克制自己的憤怒，以便能過「健康的社會生活」？

從我的觀點來看，**「育兒期間的妻子對丈夫不耐煩」這件事，是「成功完成育兒任務」所不可欠缺的本能，這表示大腦功能是正常的。**所以我為此專門出版了《老婆使用說明書》一書，建議人夫如何慎防自己被暴躁不耐煩的妻子K得遍體鱗傷。

世間將母親對子女的慈愛稱為「母性」，但其背後也存在「將子女的需求與自身的需求結合」的「利己主義」，這就是大腦這部裝置的原始設定。

情緒爆發有時是必要的

人的一生當中會歷經好幾次的大腦轉變期，不只是青春期的孩子，伴侶、朋友、年邁的父母，每個人都會不自覺受到大腦操控，隨著大腦的「策略」起舞。

一旦了解這個事實，你就會明白，深究對方的一言一行是毫無意義的。

無論是沒來由地對父母爆氣的青春期孩子，或是忽然對丈夫怒目相向的妻子，抑或是動不動就情緒低落的老母親，要知道這些表現都不是他們本人所樂意的。

當然，如果這些人能自覺到「我太過分了，實在沒必要發這麼大脾氣」，那就太好了。然而，失控的本人通常絲毫未能察覺到自己已經「變了一個樣」，自然也不會承認自己做得太過火。

所以，我們必須保持清醒，不要被捲入摯愛親友的大腦策略之中，更不要笨到隨著對方的情緒起舞，以其人之道，還治其人之身。

話雖如此，我有時也會故意對先生發火。儘管我可以忍氣吞聲，但如果忍成習慣，總有一天可能會突然對他產生極端的厭惡。女性腦的「情緒時間軸積分力」（隨著時間不斷蓄積情緒的能力）是很強大的，當情緒大爆發的這一天到來，想必我也會克制不住自己。

值得慶幸的是，**偶爾的小爆發能夠預防大災難。有時候，青春期的孩子可能也需要這樣做，這類的情緒失控是大腦的系統失誤，並非孩子故意為之。**

但有些不可饒恕的行為，或關乎性命安危的大事，父母不惜震怒也要讓孩子知道他「太超過」。當孩子感受到父母是用生命在為自己傷心或憤怒時，誤入歧途的脫韁野馬也會知道該自我約束了。

因此，本章節的建議是：**父母要努力嘗試將平日被孩子惹毛的壞情緒，轉化為理解的同情；但在該生氣的時候，充分表達自己的憤怒也沒關係。**

大腦運作方式都有其道理

絕大多數時候，大腦是不會出錯的。

我們都說「一顆大腦」，其實這並不合乎事實，因為大腦是群策群力的高效團隊。這世上沒有無用的大腦，因為每個人的大腦都有其獨特的價值和用途，而且是非常有效率的器官，能在不需要特別指示的情況下自主運作，既不浪費時間，也不需要人們不斷操心或控制。

我所專注的腦科學研究，與大腦生理學系的腦科學或是心理學有很大的不同。

大腦生理學或是心理學會定義何謂「健全的大腦」，由此對應出「不健全的大腦」，並且認定大腦的「不健全」必定事出有因，應該「努力匡正使其恢復健康」。

而我研究的腦科學並不會定義何謂「健全的大腦」，因為所有的大腦都有其「之所以必須如此」的理由，並且會在正確的時間點準確發揮其機能。

妻子之所以對先生表達不滿的情緒，是來自她的大腦為了最大限度發揮母性功能而做出的反應；而丈夫之所以完全不了解妻子的心情感受，是因為大腦要他們全心將狩獵（工作事業）的本能發揮到極致。

同樣地，**孩子之所以感到焦慮、煩躁、絲毫不知感恩，也是大腦要他們全心專注於自我成長的緣故。**

上了年紀的父母，當身體已經跟不上冒險犯難的精神，他們的大腦便會以一種機智的方式應對，通常是以幽默或輕鬆的態度來面對這種不適應。但如果大腦功能正常，思緒仍很清晰，就會因為做不到某些事而感到痛苦。

這兩種反應都是合理的，因為在不同的情況下，大腦會以不同的方式應對。

接受這一點後，就可以探索如何與這樣的大腦相處。

用「欣賞」的角度，看待青春期的大腦

當然，大腦也是身體的一部分，不能完全排除天生的先天性障礙，或是後

天受到的傷害。比方說，因為外在因素造成腦神經訊號錯亂的PTSD（Post Traumatic Stress Disorder，創傷後壓力症候群），或是內分泌失調也可能導致大腦出現意想不到的訊號。

這些時候支持和治療當然是有效的，所以我絕對沒有否定心理學的意思，只是，如果能稍微放寬「健全」的定義，不單單從病理層面看大腦，而是把心理學用於「活出更好的生命品質」，必定能夠對人們發揮更大的助力。

大腦的機能可區分為「實現目標的機能」與「協助達成目標的機能」，倘若兩者的運作難以協調一致，就無法達成目的。又如果將「協助達成目標的機能」當做缺點，試圖加以「導正」，那麼大腦這部裝置的整體表現水準都會因此降低。

例如，具備專注力的大腦，往往膽小怕事；而充滿創意的腦袋，則容易迷糊恍神，因此數理天才多半既膽怯又糊塗。

我們看一個人的時候，必須觀察並理解「大腦」這一裝置的特性，得饒人處且饒人，無論是包容別人，或是包容自己——這便是我所研究的腦科學。

例如，罹患失智症是大腦別有目的，為的是「無畏無懼地迎接死亡」，但我們卻過著「害怕罹患失智症而擔心受怕」的日子，這豈不是枉費了大腦的好意安排？

青春期是大腦從兒童腦變身成人腦的過渡期，出現系統失誤本在意料中，父母卻為此動氣，認為孩子讓自己傷心失望，這也是自找麻煩。

我們只要樂在自己大腦的安排，日子就會好過。同理，父母也只要懂得欣賞孩子的大腦就夠了。

我們這些為人父母者，打從知道有孕在身，領到孕婦健康手冊那天起，就不斷受制於社會眼光，在意外界的聲音。

身高、體重、母乳（奶）量、睡眠時間、副食品該如何吃、該不該斷奶、何時學走路、何時會說話……無一不在和別人的孩子做比較。

想一想，從出生到青春期這十三年來，為了面子問題或深怕落於人後，總是提心吊膽，現在該是告別忐忑、擺脫這些束縛的時候了。

本書第一章也談到，身處人工智慧時代，「能夠做到像一般人一樣的事」已經沒有任何意義，現在是「做與眾不同的事」，方能創造價值的時代。

青春期就是在超出常規、總是感到不滿、徒勞無功的過程中，逐漸確立大腦個性的時期。當中的掙扎，就和嬰兒期學翻身的小寶寶一樣，再如何痛苦難過、嚎啕大哭也得學。父母恨鐵不成鋼的責罵也好，心疼安撫也好，一切都只能由孩子自己親身走過，旁人是無法代勞的。父母能做的，就是陪伴在孩子身邊，照顧他們吃好睡好。

仔細想想，孩子從襁褓時期開始，父母的任務似乎就一直是換湯不換藥呢！

第三章

睡飽、吃好，是決定身高與學習的關鍵力

處在轉變期的大腦總是昏昏欲睡，這是為什麼呢？因為大腦會在睡眠中進化。

睡著後，大腦都在幹嘛？

大腦負責掌管記憶與認知的器官，名叫「海馬迴」。就像生活在海洋中的海馬，左右面面相覷形成一對，大腦的海馬迴也是左右腦各一，互相對稱。

只要大腦的主人醒著，海馬迴就很忙碌，因為它們必須時時感知周遭的變化。即使只是「穿過走道」這一看似簡單的動作，過程中包括走道的寬度、到達目的地的距離、牆壁的型態，還有地面的摩擦力、傾斜角度與台階高低差、對向的來者、從身後越過自己的人，甚至迎面走來的是否為熟人等各種訊息，都必須在瞬間做出識別，以保護自己遠離危險，或及時與熟人打招呼。

人類是腦筋停不下來的生物，即使是靜靜坐著，其實思緒仍百轉千迴。有過打坐經驗的人都知道，坐禪時必須「摒除雜念」，但是要做到談何容易。是的，只要大腦的主人沒睡著，海馬迴就會持續進行認知和思考。

唯有大腦的主人在睡夢中，海馬迴才能得空。此時正是大腦消化並重新整理知識的時刻。也就是說，海馬迴是不休息的。

大腦會將清醒時所經歷的事物，一再回放及確認，並且和既有的知識相互對照，找出關聯性，甚至建立抽象模型，有時還會組合出「在意識層面完全想像不到」的概念，進而形成創意的種子。

大腦在「記憶重現」與「記憶及概念隨機配對」的過程中，人們會作夢。然而，究竟一個人是否有作夢（也就是醒來是否仍記得夢境），其實並不重要，因為這不過是大腦在活動時所產生的現象。

創意是「睡」出來的

你曾經在睡夢中忽然頓悟某些事嗎？這種一覺醒來「若有所得」的感覺，與其說是「回想起夢境」，不如說是「寤寐之間恍然領悟」更為貼切。

許多作家、設計師、藝術家都曾說起自己這樣的靈感來源，我也是其中之一。我寫書的時間大抵都是在天濛濛亮時（像現在，正是清晨四點三十二分）。早在我學生時期考試K書時，便已經意識到這一點。我會在睡眠當中解開物理問題，一覺醒來振筆疾書就完成了作業。

所以當我寫書遇到瓶頸，遲遲沒有靈感時，先去睡一覺就對了。我相信睡眠能讓大腦幫我解決難題。而大腦果然也從未讓我失望，正所謂「靜心等待，幸運自來」。

然而家人無法體會我的作業模式。我曾向他們宣稱：「我要全力拚寫書了，拜託大家幫幫忙，你們自己的事情就自己解決，不要來吵我。」然而，他們看我成天追韓劇、睡懶覺，忍不住為我著急，追問我：「妳不是說要寫書嗎？」

其實，他們都誤會我了。

家有青少年之父母必看的韓劇──《梨泰院 Class》

我看韓劇是為了刺激大腦，因為韓劇的編劇功力實在了得，總是可以給人意想不到的驚喜而大快我心。每每都會顛覆我以為「劇情接下來會這樣發展」的想法，完全出乎我的預期，讓人大呼過癮。

以《梨泰院 Class》一劇的某場景為例。

男主角朴世路是一名以正義對抗財閥霸權的青年，他高中輟學，還有犯罪前科。全劇描述這樣一名人生失敗者如何從谷底翻身，攀上韓國食品產業的頂峰，是一部令人熱血沸騰的痛快青春劇。劇中金句連發，當中不乏令我從窩躺的沙發上奮起的勵志名言。

命運多舛的男主角一再受到系出財閥的大企業刁難與打擊，致使他開的餐廳陷入存亡危機。扭轉局面的關鍵繫於一名「具有特殊身分」的主廚，這名主廚是個變性人（由男性轉為女性）。我們都知道韓國是徵兵制國家，性別意識保守，普遍認為「男人就該雄赳赳氣昂昂」，社會對於LGBT[4]的嫌惡，遠超乎日本所能想像。變性人身處在這樣的歧視之下，處境艱難可想而知。一直默默待在廚房工作的她，竟然在電視台舉辦的料理對決賽中嶄露頭角，一路打進決賽。

決賽當天，她的變性人身分在網路上被人揭發，引起輿論譁然。女廚承受強大的社會壓力，哭著說：「我會用我的廚藝說服世人」，但男主角世路卻語出驚人地對她說：「妳不必為了滿足任何人的好奇心，而讓自己暴露在眾人看好戲的目光之下。妳就是妳，無須說服別人自己是誰。」

「嗄？」我忍不住驚呼。這家餐廳是世路的命脈，出賽奪冠可是挽救餐廳生存的唯一機會。換成日本電視劇，絕對會讓世路附和打氣說：「沒錯，妳要向世人證明自己存在的價值！」要她勇敢地為自己而戰。

結果，女廚師在世路的開解下，用平常心站上決戰舞台。在比賽過程中，主持人向她問及變性人一事，她回答了一段很棒的話，讓觀眾在觀看時感到驚喜萬分。

我個人認為，《梨泰院Class》是家有青春期孩子的父母必看的韓劇。孩子也能一起觀看當然最好，不過晚個幾年再看也不遲。為什麼我如此推薦這部韓劇呢？因為裡面有很多父母可借用的金句。劇中「受到不公平對待時的金句」「感到灰心喪氣時的金句」「因為自卑而自暴自棄時的金句」，可說俯拾皆是。你要直接套用也行，稍加改造成為自己的金句也行，尚未看過本劇

4 譯註：LGBT是女同性戀者（Lesbians）、男同性戀者（Gays）、雙性戀者（Bisexuals）與跨性別者（Transgender）的英文首字母縮略字，代表各種同志族群的集合體，也就是同志群體的總稱。

的讀者，請務必撥冗觀賞。

隨興、睡懶覺，都是大腦的熱身操

好啦，話題回到我「懶散」的寫書日常。

追韓劇、睡懶覺的我，總被家人強烈質疑說我太懶。

事實上，我並非怠惰，而是大腦需要我這麼做。在兩個禮拜的時間裡，我用了九天無所事事，然後剩下的五天振筆疾書，這就是我大腦的作業模式。如果要我兩個禮拜都坐在書桌前刻鋼板，我也擠不出任何東西來，只是浪費時間。

話雖如此，我也不是完全放任自流，畢竟還是有截稿期限，所以我才能夠在第九天振作起來。

就是因為有明確的目標與截稿日期，我才會睡懶覺，這樣做對我來說是最有益大腦的。但是在旁人看來，可能會覺得「明明有目標與截稿壓力，這樣懶散成何體統！」

我覺得我的狀況，跟旁人看青春期孩子的狀況還滿相似的。青少年只不過是在做大腦需要的事情，但父母卻認為是「軟懶、躺平」。

少年愛睏的煩惱

中學生真的很愛睡覺。

每天玩到筋疲力竭（包括社團活動），一回到家又立刻沉浸在網路世界裡，根本不想讀書。父母好不容易盼到下雨天的週末，以為孩子總該乖乖待在家讀一點書了吧，誰知他竟然連續睡了十四個小時，這怎能不叫父母心急，恨不得一腳把孩子踢醒！

懶散、缺乏動力，繼續這樣放任下去，這孩子將來肯定沒出息。但是任憑父母說破嘴，孩子依然故我，不，是變本加厲。真讓人擔心極了。

各位父母的心情我都懂，不過大家別擔心過頭，因為擁有這種大腦和身體狀態的日子也只有這三年，人不會一輩子都停留在中學生那種昏昏欲睡的時期。

和我同齡（六十多歲）的友人們抱怨「晚上睡不著，天才濛濛亮就會醒來」，更年期後大腦難以入睡的直接原因，有很多是生理因素，但最重要的是：**「白天清醒時大腦缺乏足夠的刺激和體驗，所以晚上睡著後，海馬迴無事可做。」於是人就醒來了。**

對於這些睡眠品質不佳的友人，我會推薦他們使用有益大腦健康、能提高睡眠品質的寢飾，但除此之外，我更建議**「要趁著白天醒著的時候，多從事能讓內心感到充實的事情，找到能樂在其中的興趣和嗜好。」**

此外，要慎防入夜後過度明亮的室內燈光照明，因為視網膜一旦受到光線刺激，誘發大腦產生睡意的「褪黑激素」[5]就會中斷分泌。在此也提醒夜晚會起床如廁的年長者要特別留意夜間照明的選擇，安裝自動感應燈是比較理想的做法。當燈具感應到人體接近，便會自動亮起柔和燈光，可以滿足夜間的照明需求，又不至於過度明亮干擾睡眠。

人不會一輩子都感到那麼睏倦（雖然日後或許也會有想連睡十四個小時的狀況出現），父母請稍安勿躁，好好守護孩子安然走過這三年的過渡期吧！

沒睡好，頭腦不會好

對青春期孩子的父母來說，最重要的莫過於牢記：「睡覺並非浪費時間，而是大腦最寶貴的成長時間。」

大腦會在我們睡眠時進化，調整神經迴路，以鞏固記憶。換句話說，只是用功讀書，頭腦並不會更聰明，因為大腦充其量只是在儲存體驗，然而透過

5 譯註：褪黑激素的分泌會在半夜達到高峰，因此又稱為「睡眠荷爾蒙」、「黑暗荷爾蒙」。

睡眠，頭腦才會變靈光。所以**與其連續用功K書五個小時，還不如認真讀書兩小時，然後睡眠三小時，效果會更理想。**

對運動員來說也是如此。

一直學不會的技巧，為什麼一覺睡醒就莫名地上手了？原來，神經系統的記憶在我們入睡前都只停留在「體驗」階段，在入睡後，大腦會不斷回放這些記憶，使其鞏固成「可以隨時再現的記憶」，並將之歸納出與其他技巧具有的共通點，形成一種抽象化的能力，進而昇華為運動技能。

因此，倘若睡眠品質不佳，也無法成為一流的運動選手。

處於變化期的大腦，需要睡眠時間進行大腦內部的整理。無論是為了在社團活動能表現出色，還是想在學業上有亮眼成績，都需要充足的睡眠，所以青春期的大腦必須睡好睡滿。

長高睡眠法

不只大腦需要睡眠，青春期的身體同樣也需要睡覺休息。

性荷爾蒙與成長荷爾蒙都必須在「深夜時眼球視網膜未受到多餘光線刺激」的情況下，才能夠健康分泌。青春期的身體有兩大任務，一是完成生殖器官的發育，二是長高，而睡眠正是確保兩大任務能順利達標的必要手段。

事實上，荷爾蒙的分泌受到光線極大的影響。

荷爾蒙的中樞指揮官（下視丘、腦下垂體）非常容易受光線影響，這些器官都直接與視神經相連，根據照射到視網膜上的光線強弱，調控荷爾蒙的分泌。

比方說，視網膜在沒有光照的黑夜裡，會分泌褪黑激素，具有鎮定大腦全體神經信號的作用，是種能引導大腦進入睡眠狀態的荷爾蒙。**當褪黑激素分泌充足，可以帶來良好的睡眠品質，促進大腦發展，堪稱為「健腦荷爾蒙」**。

相反地，當視網膜感知到天亮時，就會開始分泌「血清素」[6]。早晨的陽光是從地球運行方向射入的光線，根據「都普勒效應」，這是一天當中刺激性最強的陽光。各位知道都普勒效應嗎？當救護車的鳴笛聲接近時，聲音拔尖刺耳，當救護車遠去後，同樣的鳴笛聲會變成有氣無力的低音，這就是都普勒效應最典型的現象之一。光波也適用都普勒效應，從東方射入的陽光，猶如拔尖刺耳的鳴笛聲；而從西方照進的陽光，相當於有氣無力的低音鳴笛聲。所以朝陽能夠讓大腦興奮，活力充沛；夕陽則有鎮定大腦、催發睡意的作用。

當視網膜接收到晨光的刺激時，會使大腦增加血清素的分泌。血清素是能活化大腦全部功能的荷爾蒙，讓人一覺醒來就感到神清氣爽。

人類的大腦在晝夜交替的循環中進化。早在電燈發明之前，我們的祖先一直是在闃黑中度過漫漫長夜。儘管如今我們已使用照明設備讓夜晚變得明亮，但人類的大腦仍會受到光線與黑暗交替的影響。

同樣地，性荷爾蒙與生長激素分泌也受此操控。這兩種荷爾蒙都是在「視網膜離開光線刺激」後才開始活化。所謂「睡飽覺的小孩長得較健康」，這是有科學實證的。

「買手機給兒子後，他就沒再長高了……」

骨骼發育是在我們的睡眠期間進行的。此時，關節不受重力或清醒時意識壓力的影響，成長荷爾蒙的作用也趨於活躍。

我在中學三年期間，身高足足抽長了十三公分，有一次還在睡夢中感覺「膝蓋裡的骨頭啪地一聲被拉長」，把我給嚇醒了。我聽一些高個子的人說，

6 譯註：血清素是「睡眠荷爾蒙」褪黑激素的前驅物質，會在夜晚轉化成褪黑激素。血清素有「快樂荷爾蒙」之稱，有放鬆情緒、平衡食慾、促進腸道蠕動、促進傷口癒合、增進學習效果等功效。

他們許多人也有類似的經驗。

倘若當年我沉迷於遊戲，想必腿長一定會比現在稍短些；又如果我每天都為了玩樂而廢寢忘食，可能也長不到現在的一六五公分。雖然對於出生在昭和三〇年代的女孩來說，一六五公分已經算高了，但我是參加舞蹈比賽的選手，其實還是希望能再多長個兩公分。

那麼，如今的女孩會想要長多高呢？韓流美女少說要有一六五到一七〇公分的水準。女孩尚且如此，更別說是男孩了。

其實我自己偏好嬌小的身材與巴掌臉，完全不覺得個子小是什麼壞事。很多女孩也認為男性的身高並不是那麼重要，不在乎對象是否有一八〇。

問題是，多數男孩都自我期許要長到一八〇，所以我才提這件事。但即使未能達到這個標準，也不代表失敗，希望大家能記住這點。

如果男孩的身高要從一六〇公分抽長到一八〇公分，大約會是在十四歲到十六歲這三年間。女孩則比男孩稍早一些，大約在初經前就會快速長高，但整體而言，青春期前後是骨骼成長期。將半夜的「黃金睡眠時間」拿來玩網路遊戲、沉迷於社交媒體，真是白白糟蹋了人生寶貴的發育期。

我已經聽過六位家長不約而同抱怨說，自從買手機給兒子以後，兒子就不再長高了。我並未正式進行過問卷調查，但是一聊到睡眠與身高的話題，就會收到這樣的反饋。

半夜滑手機，今天該長的身高會全歸零

只要「進入熟睡狀態」，即使並非在夜晚，骨骼也會增長。像小嬰兒的骨頭就一整天都在不斷成長。我們家今年喜獲長孫，小傢伙出生時身長四八·五公分，但短短兩個月就超過六〇公分。嬰兒長大的速度有多驚人呢？有時

晚上回到家會驚覺：「咦，怎麼看起來比我白天出門時又長大了！」

事實上，六歲是個分水嶺，六歲之前和之後是不同的睡眠模式。六歲前不須依賴褪黑激素，無論何時都可以輕易入睡，不論早上或半夜，幼兒只要入眠就可以睡得很香，他們整天都在長大。

六歲以後，孩子的睡眠模式轉變為褪黑激素睡眠，褪黑激素會在黑暗中加速分泌，所以在黑夜中睡眠品質會比較好，這就是為什麼青春期要重視「夜間睡眠」的原因。

我兒子的身高超過一八〇，他中學時經常在傍晚小睡。我觀察他的睡眠狀態（眼球活動和對外界的反應），他睡得很熟，所以就未叫醒他。所以，**生長激素並不只會在闃黑中分泌，只要處於熟睡狀態，即使是傍晚補眠也有長個子的效果。**

順帶一提，我兒子當年有時也會在白天睡懶覺，這種時候我就會叫醒他，原因是為了讓他獲得「血清素」。至於血清素有多重要，我會在稍後說明（血清素的作用，可不只是讓人一覺睡醒能感到神清氣爽這麼簡單喔）。

「半夜不要打遊戲、滑手機」這種苦口婆心的勸誡，對中學生來說猶如狗吠火車，完全不會被聽進去。

但可以換個方式告訴他們：「半夜打遊戲，會讓今天該長的身高全部歸零。」當然，不只是打遊戲，也可以說「半夜滑手機」或「半夜上社群網站」等，這些行為也都同樣傷身。現在的孩子對於「長不高」這件事似乎特別在意，所以這類的「咒語」頗能發揮「勸世」（嚇阻?!）效果。

以下這些話語句句屬實，你可以根據孩子的實際狀況套用。

「半夜打遊戲（滑手機），今日該長的身高會全歸零。」

「半夜打遊戲（滑手機），今日的用功會全歸零。」

「半夜打遊戲（滑手機），身材成弱雞。」

「胸前要偉大，半夜戒遊戲（手機）。」

前面已經說過，大腦會在睡眠時將所學的知識轉化為記憶。倘若不好好睡覺，當天的學習只會停留在短期記憶，然後漸漸消失。

從青春期至十八歲左右，人體會分泌最多的生長激素，讓兩性分別散發出「女人味」或「男人味」。女性分泌的雌激素會勾勒出女體的豐胸、翹臀與纖腰；男性分泌的睪固酮則雕塑了男人厚實的胸膛與強壯的肌肉，還有令女性著迷的低沉嗓音。

無論男孩女孩，將來勢必都會努力想擁有這些具有魅力的特質，既然如此，何不把握生長激素加速分泌的青春期夜晚，杜絕光線對視網膜的不必要刺激。否則，一旦過了十八歲，就後悔莫及了。

所謂的「半夜」是指幾點？

當我們告誡孩子「半夜不要上網玩遊戲」，很可能會被孩子反問：「你說的『半夜』是幾點？」所以我們必須先對「半夜」下個明確的定義。

我認為，「十點」是合理的時間。

因為晚上十點後，褪黑激素會加速分泌，然而褪黑激素分泌的前提是「視網膜不受強光刺激」。所以父母大可告訴孩子：**「晚上十點以後是褪黑激素加速分泌的睡眠黃金期，拜託不要用光線刺激視網膜，以免抑制褪黑激素分泌。」**

稍後我還會對此進一步詳細解釋，在此先暫且簡單說明。從早晨起床開始的十五個小時後，褪黑激素就會開始自動分泌。換句話說，如果孩子在早上六點起床，十五個小時後就是晚上九點，從這時開始，隨時都能進入睡眠狀態，但在十點之後，會更快進入夢鄉。為了把握入眠的最佳時刻，我們就把時限訂在晚上十點。

因此，睡眠的理想時間是九點，如果實在有困難，至少也不宜超過十點。此時要關掉3C用品，不再打遊戲或是盯著手機螢幕，改看紙本書或是做功課都可以。

看紙本書不會造成妨礙睡眠的視覺刺激，但是3C用品對視網膜的刺激就完全不同了。因為人類的大腦還未能習慣這種「盯著不停滑動中的高亮度、高解析螢幕」的行為，所以打遊戲或是瀏覽社群網路媒體時緊盯螢幕，對人類視覺的刺激性絕對不容輕忽。

在打過遊戲後，意猶未盡地上床睡覺，即使自認為可以立即進入夢鄉，但其實視神經仍處於亢奮狀態，所以大腦難以立刻轉入「知識生產模式」，必須經過一個小時左右，方能漸入狀況。

中學生的事情何其多，每天都有忙不完的課業。即使他們知道睡眠很重要，但仍無法讓自己睡飽睡滿。想要確保有充足的睡眠本來就是一項困難的挑戰，在這種情況下，孩子還浪費一小時的睡眠時間，這是怎麼回事啊？真令人火大！

當然，偶爾打遊戲忘了時間也在所難免。專注投入某事到渾然忘我，對大腦而言也是提高學習能力的鍛鍊方式。如果打遊戲也是訓練大腦的方式之一，我個人認為，難得犧牲當天的長高也情有可原。

大腦「轉大人」的過渡期只有三年，雖說時間短暫，卻是一條風雲詭譎、過程漫長的奇險之路，在這期間只求盡可能巧妙避開親子關係的地雷，一同安全下莊即可。

至於觀賞電影或電視劇，以及用電腦寫作業，是否會造成過度的視覺刺激，就屬於難以斷言的灰色地帶。如果電視劇是描述日常生活的劇情，場景變化或情節發展相對緩慢，亮度和畫素都較低，與遊戲或網路社群媒體快速切換畫面的聲光刺激是完全不同的。尤其在使用電腦進行文書處理時，畫面上的動態與顏色變化更是有限。

所以使用3C用品時，隨著呈現的畫面不同，對視神經的刺激程度也不一樣。此外，對成年人來說，我認為只要他自己覺得不會影響睡眠品質，偶爾這樣做也無妨。但是年輕人的視神經是很敏感的，青春期時一旦有任何閃失，可能就會造成難以挽回的後果，所以還是不要以身犯險。我當年就是這樣嚴加約束兒子的。

中學男孩是「肉食動物」

在骨骼快速發育階段，需要大量的「骨材」供應，像是蛋白質、鈣質、鐵質，都是青春期孩子最需要的造骨營養，它們多半存在肉類、蛋類、乳製品中。

中學男生是無肉不歡的肉食性動物，這一點大概沒有人會否認。我兒子身高超過一八〇公分，他的三位姑姑當年以公斤為單位買大量的肉類讓他吃個夠，這對他長到堂堂七尺之軀功不可沒。

鐵質是供應腦部氧氣的重要營養素，一旦被骨頭攝取，當然會感到精神不濟，昏昏欲睡。中學生容易恍神，怎樣都睡不飽，這其實是用腦力來換取身高的緣故。

想要恢復清明的頭腦，必須加強鐵質的攝取，而且是來自動物性食物的鐵質。沒錯，就是吃肉，尤其以吃豬肝最有效。

崇尚肉食文化的韓國，讓男性個個身材健壯。韓星們一字排開，全都是身高一八〇以上，肌肉結實。如果你以為演藝明星只是特例，那就錯了。幾年前，我因為工作需要走訪濟州島，適逢韓國的畢業旅行旺季，濟州島上都是高中生，一眼望去，韓國與日本的男高中生平均體格差異高下立判。韓國的男高中生不只個頭更高，胸膛也很厚實，肩膀也更寬。

我的好友佐藤智春老師是資深的「生命分析師」（Vital Analyst），她會透過詳細分析生理數據，給予諮詢者縝密的飲食指導。她就十分推崇韓國的飲食生活，認為內容相當合理。

家有少男的母親（二十一世紀的女孩巾幗不讓鬚眉，家有少女的媽媽們當然也要比照辦理喔），應該對孩子的飲食照顧做好萬全準備。

如果想進一步詳知國高中生的飲食生活重點，不妨參考佐藤智春老師的大作《國高中生長高的七大習慣》（中高生の身長を伸ばす7つの習慣／主婦の友社出版）。

吃雞蛋能活化大腦

關於飲食的細節我們就交給專家處理，在此我可以給各位大略的重點提示，就是讓孩子多攝取肉類、雞蛋，分量要比我們認為的再多些。

尤其是雞蛋，它方便購買，而且CP值相當高（雖然便宜，但營養價值極高），此外也是蘊藏大腦所需維生素B群、胺基酸、膽固醇的寶庫。

大腦發育所不可欠缺的腦內荷爾蒙有四種，分別是活化大腦的血清素、穩定大腦的褪黑激素、激發好奇心的多巴胺，以及產生專注力的正腎上腺素，而製造這四種腦內荷爾蒙的主要原料，是維生素B群和胺基酸。

為了讓這些荷爾蒙所傳遞的腦神經信號，不至於在傳送途中減弱或中斷，而能順利到達目的地，就需要靠膽固醇幫忙。膽固醇猶如包裹在神經纖維外層的絕緣體（也就是神經髓鞘，用來防止神經信號傳遞減弱）的最主要成分。

事實上，大腦組織的百分之六十，其中有一半是膽固醇。光從這個數字就不難明白，在成長期間進行減脂、零膽固醇的減肥飲食是多麼荒謬。

此外，女性分泌的女性荷爾蒙中的雌激素，也是以膽固醇為原料，所以青春期倘若嚴重缺乏膽固醇，可能會影響將來的生育功能。

「一天只能吃一顆蛋」是錯誤的迷思

一、早餐一定要吃雞蛋，可以加速大腦清醒。

二、放學或傍晚去上補習班或參加社團活動之前，來顆雞蛋解飢墊胃，能預防大腦因疲勞而功能下降。

三、消夜務必喝碗蛋花湯，能幫助大腦在睡眠中順利發展進化。

此外，還可以在午餐的便當裡帶顆雞蛋，或是晚餐用雞蛋入菜，任意搭配。

「不會吧？雞蛋不是一天最多只能吃一顆嗎？」讀者當中想必有人會這樣感到懷疑。

其實這種說法純屬沒有根據的傳言。對此，前面提過的佐藤智春老師曾努力深入查找各方資料，卻毫無所獲，證實這只是一則無稽的都市傳說。就連

「一天吃兩顆蛋又會如何」的種種說法，也找不到具有公信力的解釋或說明。

我們全家人在佐藤智春老師的指導下積極吃雞蛋，至今已有十一年，大家都很健康，毫無異樣。我先生原本心理壓力很大，在調整飲食以後，如今已經康復。我稀疏的髮量也變濃密，現在剪俐落的短髮更有型。雖然這些好處不能完全歸功於雞蛋，不過血管年齡重返年輕也是不爭的事實。所以「一天最多只能吃一顆蛋」的論點，至少在我家看來並沒有任何負面的影響。

零廚藝的健腦蛋花湯

消夜來碗蛋花湯也很好，不過蛋花湯可不是消夜的專利，只要你喜歡，隨時都可以享用。

以鰹魚或飛魚等動物性食材熬煮的高湯，富含一種叫做「色胺酸」的身體必需胺基酸，這是製造腦內荷爾蒙的原料。有些腦科學家還將這類高湯取代茶水飲用，所以我們家的蛋花湯就用這類高湯作為基底。

蛋花湯的作法非常簡單，如果是一人份，只要先在杯子裡將雞蛋打勻，然後倒入熱騰騰的高湯，就能輕鬆完成健腦蛋花湯。

我為全家人做蛋花湯時，使用鍋子較為方便，但方法同樣也很簡單。打開市售的飛魚高湯包，倒入清水湯鍋中煮兩分鐘左右，加少許鹽調味，再注入攪勻的蛋液，待煮開即可食用。

在此順帶說明，維生素B群必須靠礦物質的鈉輸入血液中，然後再運送至大腦。鈉是鹽的主要成分，所以為了大腦的健康著想，人必須吃鹽。時下有不少追求健康的人士，他們並非罹患心血管疾病的老年人，卻堅持低鹽、零膽固醇的飲食，這樣做究竟是好是壞，值得商榷。過量固然傷身，但不足同樣有害大腦，不可不慎呀。

阿嬤煮的蛋花湯，是台灣名模變美的祕方

有一次因為工作的關係，我和一位來自台灣的模特兒共事時，跟她閒聊起蛋花湯的話題。

「啊～那是我阿嬤會煮給我喝的湯！」模特兒微笑說道。她說自己的阿嬤為了讓她成為美女，每晚睡前都讓她喝蛋花湯。

她阿嬤煮的蛋花湯是用雞高湯，加一點麻油和辣油調味。也就是說，這樣煮出來的蛋花湯裡有膠原蛋白、膽固醇、胺基酸，這些全都是養顏美容、能讓肌膚散發光澤的材料。膽固醇也是合成女性荷爾蒙的原料之一。

無論是上述介紹的哪一種蛋花湯，都有補益大腦、滋養身體的作用，換成味噌湯或其他的湯底也可以。如果你連煮湯都嫌麻煩，直接吃水煮蛋當然也可以。各位不妨在生活中，多方嘗試以輕鬆隨意的方式享受吃蛋的樂趣吧！

「早起」能提升睡眠品質

現在話題回到青春期的睡眠困擾。我們來談談如何提升睡眠品質。首先是「早起」。事實上，**提升睡眠品質最大的要訣是「早起」**。

讓我們先複習一遍：腦內荷爾蒙（神經傳遞物質）的「褪黑激素」會誘發睡意，助人進入夢鄉；腦內荷爾蒙的「血清素」會讓我們睡醒後感到神清氣爽；透過褪黑激素與血清素的交互分泌，大腦得以順暢運作，不斷進化。

事實上，血清素是褪黑激素的前驅物質，也就是說，必須先有血清素當材料，方能合成褪黑激素。

血清素在每天早晨會開始增量分泌，十五個小時後就輪到褪黑激素分泌量升高。所以早上六點鐘起床的孩子，到了晚上九點後會感到睡意，這時候應讓大腦逐漸平靜，一鑽進被窩就能直接進入夢鄉，大腦也會立即切換到「知識工廠」的模式。

順應這一自然的生理時鐘循環，就可以獲得最佳的睡眠品質，對青春期孩子來說，這也代表擁有「最佳的知識完成體系」，而這一切都會在睡眠過程中自動進行。

與其熬夜，不如早起

大腦從晚上十點到半夜兩點之間，會加速分泌褪黑激素；之後就維持這種分泌量直到清晨六點。所以我強烈建議理想的一日作息模式為：

晚上九點洗澡，讓心緒沉澱下來，以輕鬆的心情做功課或是讀書，十點睡覺，早上六點起床，如此的八小時睡眠時間效果最佳。

然而如今能夠堅持這樣作息模式的中學生恐怕如鳳毛麟角。但即使無法完全達標，還是建議要盡可能接近這樣的作息型態。

此外，如果非得減少睡眠時間，例如少睡兩個鐘頭，也盡量不要將睡眠時間往後推遲。例如，對於那些不把手邊的功課告一段落就無法安心睡覺的孩子，**與其從半夜十二點睡到早上六點鐘，不如改成從晚上十一點睡到早上五點鐘**。雖然兩者都只睡六小時，但是後者的睡眠時段可以分泌較多的褪黑激素。

每個孩子的個性都不同，關於這些個人差異，本書難以全面概括，這些都需要親子共同討論出可行的折衷之道。

泡澡能讓大腦放鬆，一夜好眠

要提升睡眠品質還有一個竅門，那就是「泡澡」。

泡澡能使體表溫度迅速上升，這樣會讓大腦感覺到危機。當大腦和體內的深層溫度一旦超過四十度，就無法行使正常的生理機能。所以當體表溫度超過四十度時，大腦會預先降低體內的深層溫度，試圖避免危機。如此一來，腦神經信號會漸趨平靜，切換為副交感神經主導模式，加速褪黑激素的分泌。

沒錯，泡澡可以鎮定大腦，平撫情緒，強化褪黑激素分泌，進而使手腳溫暖、肌肉放鬆，讓人安然入夢，這就是古人說的「頭寒足熱」。

每個人理想的沐浴時間不同，大家不妨找出最適合自己洗澎澎的時間。怕熱的人如果臨睡前才洗澡，洗完後全身發熱，恐怕也睡不著；怕冷的人若早早就洗完澡，與就寢時間相隔太久，發暖的手腳早已冷下來，也會難以入睡。**一般選在睡前一小時到一個半小時之間洗澡，是比較適合的公約數。**

如何讓白天的心動體驗重現於夢境？

再說到「血清素」的其他功能。

血清素被稱為「幸福荷爾蒙」或「天然抗憂鬱劑」，能讓人感覺平靜與滿足，引導我們進入內省的狀態。對孩子們來說，則能提供情緒穩定和充滿好奇求知欲的一天。而這種能深入思考和感受的狀態，能為大腦帶來奇蹟。

前面說過，大腦在我們入睡時，會「不斷回放清醒時的體驗，直到鞏固成記憶，形成本能感知。」但一般人的清醒時間和睡眠時間何者較長呢？沒錯，是清醒時間更長。換句話說，大腦並沒有足夠的時間將清醒時發生的所有事情全都轉化為知識，所以它必須在清醒時就做出抉擇，預先決定今晚要將哪些體驗轉化為知識。究竟哪些體驗會雀屏中選呢？就是「能觸動心靈」的心動體驗。

舉例來說。孩子在學校學到「田」這個字時，發現「啊，這個字的樣子和阿公家裡的田地好像喔！」這個領悟觸動了他的內心，大腦就會在此「插旗」做記號：「今晚，要多注意這裡喔！」孩子晚上睡覺時，大腦就會回放這段體驗，漢字的樂趣也會深植於他的記憶裡。

然而，因煩躁不安導致的情緒不穩，甚至生氣或哭泣，這些都只是情緒化的表現，並不能稱為「觸動心靈」。在這種始終處在高壓的狀態下，內心是無法保持平靜的。

唯有**由血清素引發的平和與感動，才能夠真正為大腦發出靈感的信號，豎立「今晚，要多注意這裡喔！」的旗標**。當睡眠中回放記憶時，會立即跳到插旗標記的位置，就像是在DVD影片中找到定位的搜尋點。

褪黑激素為我們啟動夜間的知識工廠，血清素則是為知識工廠輸送材料，因此血清素的作用，真是功不可沒。

白天充滿血清素的大腦，會把當天獲得的體驗插上許多旗標做記號。記號越多，晚上入睡後的知識工廠所建構的知識量越大。

倘若孩子一整天都能情緒穩定，對任何事都保持敏銳感知，從中獲得愉悅與滿足，那麼睡眠期間創造的知識量將會十分可觀，並成為個性好、智力高的人。

所以，「早起」可以讓孩子形成穩重的個性，並擁有良好的學業表現，可以說「就是來報恩的好孩子」。

「早睡．早起．吃早餐」，任何時候開始都不嫌晚

古人「日出而作，日入而息」的作息模式，是確保大腦健康發育必須遵循的法則（從腦科學的角度來看，「早起、早睡」是不可分割的完整配套）。

發育期的孩子如果忽視早餐的重要性，勢必會遭遇大腦運作經常卡關的危機。好不容易建立起「早起」與「早睡」的大腦運作規律，會因為不吃早餐，或是攝取過多碳水化合物而功虧一簣。

所以**「早起、早睡、吃早餐」是大腦發育的基礎，在大腦完成最後成熟階段的青春期，更可說是最重要的必要條件。**

「噯，你說了半天，最後結論就是老掉牙的『早睡、早起、吃早餐』喔？不是『青少年使用說明書』嗎，跟我講這個大家都知道的事有什麼特別的嗎？」想必讀者中一定有人這樣嘀咕。

老實說，連我自己也覺得這些都是老生常談。

然而，當我細數自己帶孩子數十年所經歷的種種，對此信念更加堅定。回想當年身為人工智慧開發工程師的我，懷抱著才三個月大的兒子時，便暗自發誓要將他培養成具有「天才腦」的孩子。那時，業界建構AI學習功能的相關研究正如火如荼進行，我認為或許可以將研究應用在兒子的大腦開發上。

於是我不斷鑽研大腦學習功能的運作與提升效率的方式，經過十一年的研究探索，終於得出「早睡．早起．吃早餐」的結論。

這很像是日本民間故事「老鼠嫁女兒」的過程。老鼠父母認為：「我女兒不是普通人，必定要為她物色世界第一等的夫君。」於是相偕去找了最強大的太陽，但是太陽說他敵不過雲朵，夫妻倆便轉而去找雲；可是雲朵說他敵不過風，於是他們又去找風；然而風說他敵不過牆，兩人又去找牆壁，可牆壁說他敵不過會打洞的老鼠，最後老鼠父母還是把女兒嫁給了老鼠。你若問我對這個故事有何心得，我會告訴你，人生中有時也有類似這樣顯而易見的情況或解決方式。

我在兒子十一歲得知這個結論時，真是後悔當初沒有好好聽幼兒園老師的話，所以我可以理解讀者對我做出這個結論的感覺。但「早睡・早起・吃早餐」對青春期的孩子真的非常重要。就算你對此嗤之以鼻，但希望各位父母能將此事放在心上。

有學者信誓旦旦指出，從幼兒期開始就堅持貫徹「早睡・早起・吃早餐」的孩子，以及未能這樣做到的孩子，成長到十四歲時，智商（IQ）會高出十個標準差，偏差值則為五個標準差。

根據筑波大駒場高中曾做的調查發現，「當年東京大學應屆錄取的學生，在夜間的學習時間平均不超過兩小時。」換句話說，學業表現出類拔萃的孩子，睡眠時間是很充足的，這點可能超乎一般人意料之外。

腦科學研究學者當中也有人主張「早餐的配菜數量與IQ誤差值成正比」，因此「早睡・早起・吃早餐」這個論點真的不可等閒視之。

話雖如此，如今能乖乖做到「早睡・早起・吃早餐」的孩子仍是少數。但我也不希望這件事讓大家覺得有太大的壓力，只希望各位父母在讀完這一章以後，對於「老愛睡懶覺」的孩子，可以略消消氣，並對他們傍晚就瞌睡連連，也多些寬容。光是能有這樣的理解，這一章就有其閱讀的價值了。至少，對於錯過時機就難以挽回的「長高」這件事，我們還可以趕緊把握時機。

關於大腦的學習效率，即使起步稍有落後，卯足勁努力急起直追，仍有機會扳回一城。雖然無法產生像「青春期時遵循早睡・早起・吃早餐」一樣的影響，但這應該不是什麼大問題吧？儘管你的ＩＱ偏差值從六十降到五十五，更接近於一般的平均水平，然而這五個偏差值的差距並不代表你的人生就毫無價值。

第四章

如何向青少年傳達你的愛？

前面說到，兒童腦擁有「感性記憶」，能夠全盤接受所有難以用語言表達的感性信息；而成年人的大腦則是使用高效的「符號式記憶」，著重於以語言或符號（如：文字）表達的記憶方式。

換句話說，兒童的大腦會認為「父母無須言說，也能傳達愛意」，然而一旦轉變為成人腦，父母若不將自己的感情以語言（符號）表達，孩子便難以感受到父母的愛。

青春期孩子在處於「感性記憶」的同時，大腦也正逐漸過渡至「符號式記憶」，父母應趁此機會，用心向孩子展現自己的愛。為了讓「愛」這個概念能在孩子的大腦中留下深深的印記，父母要同時以「感性」與「符號」兩種方式來表達。

愛要說出口

我希望為人父母者，在孩子從兒童腦過渡到成人腦的轉變階段，能用「語言」向孩子表達自己的愛。

當然，在孩子的記憶中有許多父母對自己「未以言說傳達的愛」，像是親暱的摟抱、撫肩拍背、一起入眠、享受美食、共同開懷大笑……這些都是他們在成長中的美好記憶。

只不過，這些「愛」的記憶在轉變為成人腦之後，就變得難以搜尋。因為這些不訴諸言語表達的感性信息，會與其他記憶混在一起。

舉例來說，當我想到「國小五年級暑假，罹患腮腺炎而臥病在床」這件事時，出現的是「爸爸背著我，連夜去診所找醫生」的記憶。而忽然想起如此久遠之前父親的身影，卻是在他過世之後。那時少根筋的父親難得地擔心我。如今回想起來，我深切感受到父親對我的疼愛，然而高中時期的我卻一直認為「從不記得被爸爸疼愛過」。

感性記憶有時會在不經意間浮現，或許只是因為剛好遇到和那天氣味很相似的風吹，就這樣勾起遙遠的記憶。但如果用「愛」這個字刻意去搜尋，是找不到這樣的記憶的。當我自問「爸爸疼愛過我嗎？」時，並不會出現這些感性記憶。

用成人腦過生活，需要用語言表達內心感受。雖然「愛」無須言說也可以傳達，但是當我們對愛感到迷惘，在幾乎忘記愛的存在的日子裡，仍需要借用語言的協助，喚起自己與對方對於「愛」的記憶。

順帶一提，對於伴侶，也需用語言傳達你的情愛與感激。例如，當妻子感覺先生對自己的愛意消退時，藉由話語可以重建彼此的情感連結。

「被愛」與「不被愛」的記憶只有一線之隔

我直到三十二歲生了孩子，才明白自己是被父親疼愛的女兒（正確地說，是「回想起來」的）。

那時父親手拿著我嬰兒時期的照片，懷中還抱著兩個外孫，說道：「我想到妳出生的時候，我整天都盯著妳瞧呢。」

我一臉嚴肅地問：「老爸，老實說，你那時候疼我嗎？」

「這還用問？妳弟弟是第二個孩子，我可能記不太清楚了，不過妳的事我可是記得一清二楚。」父親笑著回答。

他說得斬釘截鐵，對我的愛絲毫不容質疑，渾然不知身為女兒的我對他的父愛會有所懷疑。他的回答讓我非常驚訝。

事實上，母親常說起這樣一件事：「妳還在我肚子裡的時候，妳爸說了，千萬別生女的（即使再怎麼喜歡也要送給別人），不要浪費時間跟精力去養了，所以他全都只想男孩的名字。我當時就擔心，萬一生的是女孩該怎麼辦？覺得很難過。」母親還說，後來懷弟弟的時候，又害怕期待落空，所以這回統統只想女孩的名字，誰知道生的是男孩，爸媽又慌了，頓時陷入一場該如何命名的大混亂中。

就因為母親的這些話，讓我一直深信自己在父親的心目中是個「無用的孩子」。父親的那一笑，讓我大為震驚，於是告訴母親：「老爸說我還是小嬰兒的時候，他非常疼我呢！」

「是啊，爸爸很疼妳啊！妳不記得了嗎？冬天的時候，他總是把妳裹在自己的浴衣懷裡，一面幫妳溫腳，一面餵妳吃飯呢！」

沒錯，我是被父親抱在懷裡長大的。從我有記憶以來，父親基本上是不會罵我的，即使我把腳伸進他珍愛的圍棋罐子裡，他也只是笑著問我：「舒服嗎？」炎夏天氣熱，把腳伸進棋罐裡，貼著冰涼的圍棋確實很消暑。

我不死心，追著母親繼續問：「可是，妳以前不是說過，老爸認為女兒不中用嗎？」

「啊，這件事呀，在妳出生之前，妳爸的確說過這樣的話，但是妳出生後，他就完全不這樣想了，不但很疼妳，還對後生晚輩說，女兒太可愛了，生孩子就要生女兒才好。」

嗄?!老媽呀，如果是這樣，這些話為什麼不早跟我說呢？母親又接著笑說：「妳爸非常疼妳，這是毫無疑問的，妳應該知道呀！」

不，我完全不知道！記憶這東西實在是太可怕了，因為我一直深信「自己是女孩，所以不受重視」，滿腦子全是弟弟受寵的記憶。如今想到「被父親抱在懷裡長大」的往事，也讓我憶起他曾為我做過的許多事，突然間我成了「備受父親嬌寵的女兒」。

喚醒「被愛記憶」的觸發點

如今回想起來，年輕時的我根本不知道自己是受到父親多大的支持，而得以保有身為女性的自尊心。

我是在日本頒布〈男女雇用機會均等法〉之前進入社會工作的，可說是受盡職場性別偏見的時代。值得慶幸的是，我從事的資訊業幾乎沒有性別歧視，但是我們面對的客戶形形色色，有時不免要和職場領域以男性為主導地位的人士打交道。我雖是專案開發團隊的領導人，卻也曾因為對方認為「派個女人過來，根本沒把我們公司放在眼裡！」而被客戶轟了出來。類似的離譜情況多不勝數。

在當年那個泡沫經濟時代，「你能夠二十四小時不停工作嗎？」的廣告歌曲不斷洗腦，在如此的社會風氣之下，即使是男性也受到各式各樣的職場霸凌，這在如今看來簡直匪夷所思。

每次受到不合理對待時，我總會想到父親，因為我相信他一定會為我感到憤慨。光是想像父親為了我義憤填膺的暴怒模樣，我就能夠鼓起勇氣，重新打起精神，相信自己絕非不如人，樂觀期待明天會更好。因為如此堅信不移，所以我從未向父親吐過苦水。

我是如此相信父親對我的愛，卻又固執地認定「老爸根本不疼愛我」，這豈不是太矛盾了嗎？然而，當父親說出「我想起妳出生那時候」，剎那間，自己被愛的記憶竟忽然傾洩而出。多麼奇妙卻又貼近事實的大腦啊！我們的大腦就是這樣矛盾又令人難以理解。

這次的親身經驗讓研究大腦和語言關聯的我，得到莫大的啟發和教訓。我們並不會因為受到疼愛，就能夠隨時回想起「被愛」的記憶。雖然愛的回憶可以透過聯想被喚起，但前提是必須要有「能夠牽引出記憶」的「觸發點」。

父母總以為自己傾盡所有的愛來養育孩子，孩子理所當然應該會明白。確實，這份愛已經注入了孩子的大腦，但這種「被愛」的感受一旦沉入記憶底層，就不會浮現出來，在某種程度上也不能算是成功傳遞了。

媽媽對女兒的愛是內建模式——愛的傳達之母女篇

愛能夠傳達嗎？又該如何傳達才好呢？

我認為，當媽媽的大可直率地向孩子說出自己的愛，就像歐美或韓國的媽媽那樣，直截了當地說「媽媽愛你」，這是最理想的做法。

媽媽對兒女說：「你好棒！你是媽媽的驕傲，媽媽愛你。」在好萊塢電影、義大利電影、美國的家庭劇、韓國的電視劇、北歐的電視劇都是這麼演的。基本上，世上的媽媽這樣直接對孩子「示愛」是很自然的。但在日本的電視劇就比較少見這樣的場面，可能是日本父母在真實生活中也不太會對孩子說這樣的話吧。

我母親在八十八歲高齡時，曾深情地對我說「我愛妳」，彷彿要把這句話當做遺言。但即使她沒這樣對我說，我也從未懷疑過她對我的愛。

母親在我二十歲生日時對我說：「從現在起，我們要當『好姊妹』喔！」比起世上多數母親喜歡動不動就訓誡孩子，我母親很少對我嘮叨，她就像我的好閨密，我們會互相分享生活中的大小事，彼此安慰，共享喜悅。某天，她還有感而發地對我說：「有妳這樣的女兒真好！」

我兒子剛出生時，母親寵孫簡直到溺愛的程度，我有時週末抱兒子回一趟娘家，都過了好幾天，母親還捨不得把小孫子睡過的棉被收起來，只為了時不時聞一聞他留下的氣味。儘管如此，她依然說：「還是生女兒好呀。男孩半夜哭鬧起來，真會把人逼瘋。」

不過正因為是母親，所以也會有過度干涉的麻煩。比如，她曾堅持我必須嫁給醫生，但我的男友不是醫學院學生，結果她就對對方冷嘲熱諷；她和友人發生不愉快，我只是無意間說了一句「這件事妳也有錯呀！」她就氣到好幾天都不和我說話。

但如今回想起來，這些點點滴滴都讓我覺得母親好可愛，也不得不感嘆她對子女真是愛得義無反顧。現年已九十高壽的母親，仍然對我疼愛有加，只要在電話中聽到我的聲音，她就會立刻精神百倍、高興地叫著我的名字，那聲音好似花開般燦爛。我彷彿都可以看到在電話另一頭，母親如花綻放的甜美笑靨。

母親從不曾責備我，像是說「妳真笨呀」「妳這方面實在不行」之類貶損我的負面評斷。當然，她仍會嚴格要求我要遵守良好的生活習慣，像是「洗完碗盤後要把水槽擦乾」、「衣服要這樣晾才對」等，但即使我做得再差，她也絕不會說出「妳真沒用」這種全盤否定我的毒舌惡語。

如果要我歸納媽媽「讓我感受到母愛的關鍵點」，我會列出以下四大原因：

一、從不妄下結論說「妳就是個○○樣的孩子」；

二、會對我說「能有妳這樣的女兒真是太好了」；

三、會對我說「孫子再可愛也沒有女孩好」；

四、每次打電話回家或是回娘家時，總是用開心的語調和愉快的笑容迎接我。

事實上，直到長大成人之前，我只因為第一點的理由，就對母親的愛深信不疑。想想看，每天放學回到家，有媽媽親手烹調的熱飯菜等著我，家裡總是整理得井然有序，衣服也幫我洗得乾乾淨淨，從不嫌我駑鈍、罵我笨。你說，我這個做女兒的夫復何求呢？

母親和女兒都同為女性腦，女兒會從母親那裡繼承一部分的敏感和感性，她們更容易產生共鳴，女兒會傾向放大並接收母親的情感。因此母親對女兒傳達愛意並不至於太困難，無須大肆張揚或頻繁示愛，也足以讓女兒心領神會。

女兒是吸收媽媽情緒長大的

然而，正因為母女的情感容易產生共振，所以彼此有多麼容易傳達愛意，就有多麼容易傳達憎惡。女兒的大腦會放大看待母親的負面情感，當媽的人如果把自己焦躁、憎恨或沮喪一股腦地向女兒發洩，這是極其殘忍的行為。

我以為，母親疼愛女兒的關鍵，與其說是表達愛意，更重要的是「不要把女兒當做自己的情緒垃圾桶」。

我主張母親疼愛女兒的方式是：不要向女兒傳遞自己對老公的憎恨，或是對人生的不滿，也不要因為女兒不順遂時就斷言她是魯蛇。我自己沒有女兒，無從得知做到以上幾點是不是很困難，但我知道**許多深受情緒困擾、精神狀態不佳的女性，都因為被母親當做情緒垃圾桶而深受其苦**，可見得會如此不當對待女兒的母親不在少數。

人生不如意、家人無法滿足我們的期待、心中擁有暗黑的念頭……身為女性，誰都有那麼一兩件不想見光的想法。如果有女兒的話，可能會忍不住想對她像對自己的閨密般傾吐吧。然而，母親必須克制這種宣洩負面情緒的行為，尤其是當女兒處在青春期的關鍵三年期間，兒童腦正要過渡到成人腦之際，往往脆弱而毫無防備，過度強化的負面情緒很可能會在她們的大腦深層中根深柢固。

家有青少女，爸爸要成為媽媽的堅實後盾

稍後在第一六四頁〈愛的傳達之父女篇〉，會詳加說明父親與青春期女兒的互動，在此先提醒家有青春期女兒的父親，值此關鍵階段，父親最重要的任務，除了向女兒表達父愛，同時也要成為妻子教養兒女的堅實後盾。

身為人夫，不要增加妻子的壓力，因為這個階段的女兒正處於青春期的變化和發展中，對家庭環境和情緒更為敏感，需要一個相對穩定、具支持性的

家庭氛圍。無論如何，這三年當爸爸的都必須專注於家庭，對另一半展現溫柔和同理心，與她站在同一陣線，共同守護女兒。

當女兒看到父親耐心而堅定地陪伴在心煩意亂的母親身邊時，她會感受到「父親對我們全家人的愛」，並且深信「只要我有需要，爸爸必定也會這樣守護我」，進而認識到「男人的愛原來是這麼一回事」，從而萌生「對男性的普遍信賴」。

很多無法信任男性的女性，就是從小在母親憎惡父親的環境下長大。也有研究指出，**暴食或厭食等女性常見的心理疾病，常與父母親感情失和有關。**

對於青春期的女兒而言，母親沒有壓力是至關重要的事。

學習韓劇中的正向鼓勵法——愛的傳達之母子篇

如果你常看韓劇，不難發現韓國母親從不吝惜對兒子示愛。他們會輕撫兒子的臉頰讚嘆道：「我們家的兒子怎麼長得這麼帥呀！」就算別人不認同，母親也會自誇：「我兒子真了不起，做得真好！」她們還會直言不諱地對兒子說：「媽媽好愛你」，或「如果有來生，下輩子我還是要你當我的孩子」。所以韓國的男性非常重視母親，這種珍愛之情令人感動。

事實上，我在兒子小時候也經常這樣稱讚他，所以當我看韓劇時發現：「咦，這些台詞怎麼跟我對兒子說過的話這麼像？」她們能夠做到如此地步，多半是因為把兒子當成自己「疼愛且仰慕的人」養育，所以自然會脫口說出這些話。

我在兒子出世那天，就立志要把他培養成「連媽媽都會為之傾心的好男人」，並且也身體力行。甚至當他還在襁褓中，我就不斷催眠他說：「你好帥喔」「你真是個好孩子」「你做得很好」「我真喜歡你」「媽媽愛你」「你是全世界最棒的孩子」，像這樣一直稱讚他到長大成人。

記得他中學時曾經問我：「雖然妳總說我帥，可是這世上的女孩喜歡的好像根本不是我這一型耶。」「真的嗎？你說的『世界』，範圍會不會太狹隘了？」我笑著這樣回他。

兒子的確不是一般審美觀中所謂的「帥哥」，但在某些方面，他還是有獨特的魅力。最終，兒子果然也吸引到欣賞他的女孩，順利抱得美人歸。

我兒子和他太太結婚已有五年，但她始終熱情不減地說自己的老公是世上最棒的先生。有一次，我回媳婦說：「但我覺得他好像會輸給大谷翔平[7]耶。」結果被她嚴正抗議。至於我兒子，他從未想和任何人一較高下，他只想輕鬆自在地做自己。

我從韓劇中看到，在母親的疼愛與尊重下長大，對男孩而言意義十分重大。男孩的自尊心通常傳承自母親，所以韓劇男主角和其帥哥同伴們的母親，個個都溫婉美麗、聰慧優雅。有趣的是，女主角的母親卻往往是思想固執偏激的惡女（笑）。

總之，**如果想要養出好兒子，我也贊同媽媽要多用讚美與鼓勵的方式。**

男性具有「被拒絕基因」的暗黑真相

人類社會是建立在「男性可能會面臨許多拒絕或挑戰」的假設上。所以在生命初期，母親應該全心全意給予男孩愛與支持，否則孩子未免也太可憐了。

哺乳類、鳥類、爬蟲類的雌性用於生殖的期間長，尤其是哺乳動物，甚至必須冒著生命危險才能夠傳宗接代。正因為雌性面臨極高的生殖風險，所以在生物的世界裡，雄性在求偶時常挫敗連連，好不容易才能找到自己的真命天女。和雌性的付出相比，雄性對創造下一代的貢獻，往往只在一瞬間，這使得他們可以在許多雌性中散播自己的基因。

相較之下，雌性一輩子能夠生養的後代有限，所以在物色另一半時必須格外挑剔，會極力避免和免疫能力低下、相容性差的遺傳基因結合。她們會透

7 譯註：日本岩手縣出身的職業棒球選手，現為美國職業棒球大聯盟洛杉磯道奇隊之明星球員。

過體味、外觀、觸感等線索，考核雄性的基因品質，迅速判定是否可以與對方交配，對於被她們判定不適合的異性，就會徹底排斥。

在電視或網路影片裡，經常會看到雄性拚命展現自己，而雌性卻意興闌珊的畫面。每每看到鳥類世界的求偶場面，都不禁同情挫敗連連的雄鳥，但這其實是再合理不過的自然現象。

人類又是如何呢？即使正值黃金育齡期的年輕女性，如果輪番周旋在十位英俊帥氣的男子之間，恐怕也不覺得是享受，她最終仍會情歸一位「自己的最愛」。相較之下，如果同時有十位年輕漂亮的美女對青春洋溢的男子投懷送抱，這男子大享齊人之福，應該會非常開心。

這就說明了女性對於選擇異性的敏感度，遠高於男性。換言之，男性無法預知眼前的女性究竟會接受或拒絕他們，只好藉由親自追求才能判別。就像公鳥必須展示絢麗的羽毛、築起堅固的鳥巢、跳著精彩的舞步，才有望「把妹」成功，在眾多母鳥中贏得青睞。

「身材高大、相貌俊美、體格健壯、智力出眾」的男性多半擁有高免疫力的基因，因此會受到眾多女性喜愛。儘管如此，他們也無法避免會「被拒絕」的自然規律。別看他們身價高，在婚姻市場似乎很吃香，最初抱持的期待越大，之後感到失望的機率也越高。開始交往後，一旦女方發現對方不是自己的 Mr. Right，照樣會毅然「被分手」。不但如此，太帥的男生，因為女人緣太好，反而很難遇到命中注定的另一半。

明白男女大腦在生殖方面的差異後，我甚至真心慶幸自己的兒子不是一般認定會廣受歡迎的美男子。

我想說的是，男孩們要堅強，事先做好心理建設，不要只因為被女孩拒絕、被甩了，就感到自卑或自暴自棄。

女孩選擇另一半的標準，是基於遺傳基因的相容性，所以有時毫無道理可

言。因此男性即使被拒絕，也無須認為是因為自己不夠好。再優秀的男性，曾經歷過多少情傷也未可知啊！家有兒子的父母，請務必趁早告訴他這件事。

男性感情受挫、表白遭到拒絕時，不必苛求自己要「成為更好的男人」，而是要「更加展現自己與眾不同的優勢」。如此，就能吸引到關注你特質、真心愛你的女性。

就如同本書第一章提到蘿拉母親的名言，我也要把這句話送給男孩們。

只有兒子不會觸發女性腦的「異性警戒設定」

然後，母親要全心全意肯定兒子，把他的優點用話語表達出來，使這些優點隨時都能在他們的腦海裡顯現出來。畢竟，世上不可能有任何媽媽會討厭自己的兒子一輩子。

女性的大腦有一道「警戒和排斥異性」的開關，會在青春期啟動。為了避免與那些「不適合生殖結合」的異性接觸，女性首先會「對所有的異性都感到不耐煩」，然後才開始衡量眼前的異性是否適合進一步交往。

結論如果是「有譜」，那麼警戒開關就會唯獨向這名對象開啟，然後兩人便墜入愛河，但這是有期限的。對於無法成為「共同養育下一代」的對象，大腦並不會永遠都鎖定在對方身上。即使達成了「生殖」的目的，大腦也會產生「見異思遷」的二心，期待能「變換組合對象」，因為遺傳基因組合越多樣化，就越能確保自己的後代生生不息。

也就是說，戀愛是有「賞味期限」的。某一天，當警戒開關再度啟動，另一半的一言一行都會莫名地令妳看不順眼。原本認為他睡醒時的滿臉惺忪呆萌可愛，現在卻變成邋遢醜陋；以前喜愛對方溫柔體貼的性格，現在會嫌惡他優柔寡斷；過去喜愛他可靠、能讓你放心依賴，如今卻覺得他專橫霸道。這樣的時刻必定會到來，一般認為大約是三年，不過有些女性對於愛情的保鮮期可能更短。

竹內久美子博士從動物生態學解讀男女關係，主張「雌性動物只會對免疫力比目前生殖伴侶更高的雄性發情」。根據上述原則，如果目前結合對象的免疫功能始終遠高於周圍其他男性，那麼這段關係的賞味期就會比較長。然而隨著年歲漸長，人類必然會生理功能衰退，免疫力下降。所以，這世上沒有永恆的愛情。

正因為如此，男女即使在熱戀當中，也要好好培養友情。這讓我回想起三十七年前，和另一半步上紅毯時，教會的神父曾提醒我們說：「夫妻應盡早成為彼此的摯友。」善哉此言，這就是動物界的真理。

話說女性這道「異性警戒」的開關，一輩子都不會被自己的兒子觸發。雖然老公與兒子都是自家人，但妻子會對先生大發雷霆，但對兒子卻會極盡寬容，這就已經說明女性看待兩者的心態不在同一個層級上。妳也遇過這種情況吧？

母親是唯一不會對兒子變心的女性

記得以前某位男性藝人曾說過：「女人常對我說『你變了』，可是母親卻對已經五十歲的我說『你從小到大一點也沒變』，真不知我到底是有變還是沒變呢？」

這位藝人說得一點也沒錯。**當戀愛的賞味期限一到，就會怪對方說「你變了」，但其實改變的是自己的大腦。而母親的大腦始終不變，所以會說兒子「從小到大一點也沒變」**。

雖說兒子在情緒一團混亂的青春期多少會讓母親操心，但願意對兒子一輩子都不變心的女性，也只有母親。倘若我們不向兒子表達自己永恆的愛，給他們足夠的關愛和支持，那兒子豈不是太可憐了？

母親如果從小就經常誇讚兒子，常表達母愛，已經習慣這般母子互動模式的兒子，無論幾歲都能夠泰然自若地接受母親的讚賞而不覺尷尬。但如果等到兒子到了一定年紀，媽媽才忽然稱讚兒子「英俊」「好棒」「我愛你」，不但兒子感到彆扭，媽媽恐怕也難以啟齒。更別說是青春期的男孩，也很可能對媽媽唐突的讚賞覺得害羞或不舒服，甚至產生反感。

想要化解可能的尷尬場面，不妨先從欣賞照片時的誇讚開始，例如，翻看兒子在運動會或旅遊拍的照片時，假裝不經意地隨口說出：「沒想到你看起來還挺有男子氣概呢。」「你這跑步的架式酷斃了！」

「謝謝你成為我的寶貝」

然後，在兒子生日這天，表達對他出生的感激，告訴他：「有你這樣的兒子，媽媽很欣慰，謝謝你成為我的寶貝。」

感謝的話總比表達母愛更容易說出口吧！何況「謝謝你成為我的寶貝」，是對孩子全然的肯定與祝福，完全可以媲美愛的告白。即使沒有說出「媽媽愛你」這四個字，實際上已經傳達了妳的母愛。

必須留意的是，在說這些話的同時，心中一定要確實意識到兒子的優點（也就是其他人無法比擬之處）。

我平日總不斷用言詞向兒子表達對他的愛，但在兒子進入青春期後，我試圖加碼，想將母愛烙印在兒子的內心，於是我在兒子十三歲生日那天，對他說了本文開場的那句話。誰知兒子竟反問我：「為什麼？」頓時問得我啞口無言。

母：「有你這樣的好兒子，媽媽很欣慰，謝謝你成為我的寶貝。」

子：「為什麼？我跑不快，也不寫功課，又不交學校報告，妳為什麼喜歡我？」

母：「呃……（兒子說的的確沒錯，我該怎麼回答才好呢？）」

我當場無言以對，真的超尷尬的。我很遺憾自己給不出答案，但是第二年，我扳回了一城。那時我告訴兒子：「你有過人的觀察力，很會動腦筋，和你一起生活非常有趣。而且你比任何人都懂得品嘗食物的美味，這真的很酷。」

「你做得很好！」——愛的傳達之父子篇

如果說為人父者有該常對兒子說的話，我認為那應該就是「你做得很好！」這句話能充分表達男人對另一名男性的認可。

不論是運動、露營、製作物品，當然也包括學習層面，父親帶著兒子做自己擅長的事，在兒子努力表現時，要不吝於肯定他：「你做得很好！我兒子真優秀。」

即使兒子最終沒能做出成果，這句話也同樣適用。只要孩子盡力而為，就算比賽未能獲獎，父親也應該稱讚孩子的堅持不懈。

然後，我建議爸爸們，選在兒子青春期某個適當的時機，對他說：「你出生那天，我真的很開心。」而媽媽則可以對孩子說：「謝謝你來當我的寶貝。」我認為，**相較於母親對孩子的誕生表達感謝，父親表達喜悅會更合適。**

選在孩子生日當天表白，感覺最自然且不突兀。如果覺得害羞說不出口，用發簡訊的方式也可以。在孩子十三歲生日這天是很理想的時機，但即使十四歲或十五歲生日的時候表達，同樣效果奇佳。畢竟我自己直到三十二歲，才第一次聽到我爸無意間的真心話，從此對我的人生產生巨大的改變。所以無論孩子多大，這些父母該說的話都不能省。

如果是有多個孩子的家庭，這句話最好等到你單獨跟其中一個孩子相處的時候再私下對他說，就像是兩人之間的祕密那樣。

別讓女兒誤會父親重男輕女——愛的傳達之父女篇

「妳出生那天，爸爸真的很開心！」這句話父親也應該對女兒說。不但如此，對女兒講這句話，其意義甚至比對兒子表達更重大，尤其是對於有兄弟手足的女孩更是如此。

父親對兒女的態度難免會在不自覺中有差別，普遍都較寵女兒，並對兒子有更高的期待，所以兒子往往認為「爸爸只寵姐姐（妹妹）」，女兒卻認為「爸爸只看重哥哥（弟弟）」。雖然這很可能只是孩子自己片面的主觀認知，但請父母捫心自問，自己在成長過程中，是否也曾覺得爸媽比較偏愛其他手足呢？

此外，父親也不要吝惜稱讚女兒「妳做得很好！」只要女兒勇於挑戰更高的目標，無論成敗，都應該肯定她努力不懈的精神。

女兒的「幸福保險」，要由父親負責承保

如果說父親還能為女兒做些什麼，我認為除了「愛」之外還是「愛」，而且是「說出口的愛」。

當女兒為了升學、就業或是結婚，必須離家時，或是在她二十歲生日時，讓她知道：「無論發生任何事，都不要忘記爸爸愛妳，而且比將來追求妳的任何男人都更愛妳。」

即使在現實生活的大浪中載浮載沉，又或是被人看輕，有了爸爸這句話，女兒會知道「我絕不只是如此而已」；就算遭到男友冷言冷語的打擊，她也不會自我懷疑，認為自己是「不值得被愛的人」。

兒子的男性腦充滿「成就取向」，女兒的女性腦一心想著「要被所愛的人重視」，所以哪怕是功成名就的女性，如果無法感受到自己被珍惜，也絕對不

會幸福的。

女兒的這份「幸福保險」，就讓父親來完成吧！要讓女兒知道，無論發生任何事，她永遠是世界上最重要的人。

而這份宏大的父愛告白，如果在女兒的青春期表達，時機恐怕過早了一點。因為青春期的少女正是對父親避之唯恐不及的年紀，不如選在女兒即將離家遠行的時候，相信這番告白必定能夠直接觸動她們的內心深處。

我在十九歲的春天離家上大學，住的是學校宿舍。離家前一晚，父親跪坐下來，為我唱了一首〈惜別之歌〉。

難耐即將遠別，
我將登高送行，
吾友莫悲傷，

收拾行囊吧！
你澄澈的眼眸，
美麗的紅唇，
發亮的黑髮，
此番別離，
何時再相見。

（日本中央大學學生歌，歌詞取自詩人島崎藤村的詩作〈高樓〉）

數十年後的今天，父親當時的神情仍歷歷在目，歌聲猶迴盪耳邊。從小養育長大的女兒就要離家，父親必定是料到女兒很可能就此遠走異鄉求學、就業、自立門戶。那天晚上父親的難過不捨，證明我並不孤單，這個想法至今仍支持著我。

即使愛在心裡口難開，依依不捨的難過心情同樣可以傳達你的父愛。為了守護女兒，請務必拿出父親的作為，表現出你對她的愛。

男人很難把愛說出口

父親平時很少會把「我愛你」掛在嘴上。即使在國外的電影或小說裡，也只有在人生的重大時刻，才會難得看到父親把「愛」說出口。例如當孩子遭逢意外傷害、當自己或孩子面臨生死關頭，又或情緒萬般激動之下，才會逼出父親愛的告白。

吝於說愛，這其實是身負養家重任的男性腦所特有的表現。因為他們的大腦過於專注在眼前的現實，對於「過去的事」與「未來的事」幾乎不會回顧和檢視。

相反地，女性腦在育兒的過程中，會習慣性地思前想後。看著孩子的睡臉，會不自覺回想起自孩子出生後至今的每一天（而且這種被觸發的情緒往往是「瞬間反應」）；看到別人家大一點的孩子，就想到自己兒女的未來（這同樣也是「瞬間反應」），所以孩子的一顰一笑都能夠深深觸動媽媽的情感。更別說是孩子畢業典禮這樣深具意義的日子，孩子過往可愛的成長時光會像跑馬燈似地閃過眼前，令媽媽百感交集，不覺淚眼婆娑……我自己就在兒子中學的入學典禮上哭得唏哩嘩啦，只因為腦海裡的小劇場翻騰不已，情節全是青春期的兒子帶我穿越時空。（苦笑）。

女性腦這種「事前演練不停，事後反芻不休」的思維模式，讓媽媽容易在生活中充滿對家人的愛。一旦養成把「愛你喔」掛在嘴邊的習慣，向家人表白愛意就是很自然而然的事。

附帶一提，因為女性習慣「回顧過往」，也讓我們變成「翻舊帳」的天才。明明只要就事論事就好，我們偏要將八百年前的舊事都翻出來數落一遍，「你當年就是這樣，還有那時候也一樣……」這一切全都屬於不假思索的瞬間反應。特別是在育兒期間的女性，這種特質尤其明顯。

沒有一位先生能忍受這樣的數落，但念在這也是女人對於教養觀念的一部分，就請諸位人夫多點寬容，不要和愛翻舊帳的另一半計較吧！

隨著年歲增長，淚點會變低

據說男性腦「專注在眼前事實」的能力，與男性荷爾蒙睪固酮有關。睪固酮的分泌在男人四十八歲左右進入衰退期，所以向來有淚不輕彈的男性自此也會變得容易掉淚，甚至只是看到小孩子拚命努力的模樣，都會熱淚盈眶。

當男人來到這個年紀，就更容易展現溫柔共鳴的交流方式。也就是說，青春期孩子的爸爸正好處在「展開共鳴對話」的適齡期，而這種親子溝通方式的變化可能會讓人覺得意外。父親們如果能為了孩子，在這時期學會「共鳴對話」的技巧，面對日後即將到來的空巢期，就不怕夫妻倆相依為命的日子只能「大眼瞪小眼」。

以下將說明「共鳴對話」的要領，希望各位能努力學習。

男人說話習慣「找碴」

男性腦的思維基本上是成果導向的「成就主義者」，他們會把全副心思集中在眼前的現實，洞察負面因素，並迅速應對且獲取成果，這是男性腦的天賦。如此的用腦習性是來自遠古狩獵或戰場求生的本能，也是保護家人遠離危險的必要反應，可說是青春期之後男性腦的一大特徵。

所以成年男性對話，往往開門見山，直接從「確認規矩」或「指出問題」切入。爸爸看見孩子，會劈頭就說：「作業寫完沒？」「學校怎麼樣啊？」「襯衫的釦子要扣好。」之類的。

而對於孩子的回答，爸爸們也傾向「找問題」、「挑毛病」。例如，當孩子說：「人家想要買○○！」爸爸會反對：「啊，那個呀，△△功能根本不行。」或是「你年紀還太小，不適合。」當孩子開心炫耀說：「我會□□了耶！」爸爸會立刻緊接著要求：「那接下來就要學會◇◇才行！」如果孩子興奮地說自己剛才去唱KTV，爸爸就會反問：「下星期不是要大考了嗎？」

爸爸不只喜歡潑孩子冷水，對妻子同樣也不假辭色。「真想去京都賞櫻！」「京都的櫻花季，賞花的人頭比花還多。」「要不我們一起去聽音樂會？」「現在買得到票才怪。」

所以，孩子不免會抱怨：「爸爸對我只會潑冷水。」然而優秀的男性腦就是如此不解風情，因為他們的腦袋想不出其他的應對方式。

男性「潑冷水」是愛的表現

男性腦是歷經幾萬年狩獵、搶占地盤的激烈競爭演化而來，唯有「從眼前的現實迅速發現問題，並立即採取行動的男性。」才能夠守護子孫並留下後代。然而此特性在二十一世紀的今天，竟成為令人厭惡的缺陷，或被家人排擠，不免令人同情。

可不是嘛，男性會「潑冷水」，說明他擁有極其優秀的男性腦，最重要的是，他有心想要守護自己「潑冷水」的對象。對於他沒必要守護的人，這些男性腦反而懂得彬彬有禮、處處迎合，例如，當對方說「真想去京都賞櫻花」時，他會事不關己地附和道：「對呀，京都櫻花的風情就是不一樣。」

所以**男人的「潑冷水」不是故意唱反調威嚇你，而是愛的表現**。我認為，所有和男人一起過生活的女性都應該了解這點，一旦認清這個事實，就能避免在愛情中迷失自己。

不過話說回來，男性也該明白，自己這種對話方式並不適合用在家庭生活中。

與家人對話，從產生情感共鳴開始

那麼，家人之間的對話該如何展開呢？「對對方的感受產生共鳴」就對了。

例如，當老婆說：「真想去京都賞櫻花呀！」老公可以這樣回答：「就是呀，賞花就應該親臨現場才有ｆｕ。不過賞花的人潮總是多到可怕，等孩子大一點，我們倆再找時間一起去吧！」這樣回答豈不是皆大歡喜。

讀高中的女兒下星期就要期末考，今天卻跑去唱ＫＴＶ，回家興奮地說她連拚了二十首歌。你可別當場質疑女兒：「不是下星期就要大考？妳準備好了嗎？」而是先接納她歡唱後的好心情：「年輕真好，好羨慕！」如果無論如何都想要提醒女兒注意期末考，只要不經意地笑著說：「下禮拜考試也要加加油喔！」一語帶過即可。

其實，當父母表現出「年輕真好」的態度時，孩子自己反而可能感到心虛，而主動提及「下星期就要考試，我得加油了。」即使這些話沒說出口，她自己也心裡有數。

大考前還跑去happy的高中生，不可能不心虛。如果先被父母劈頭唸一頓，他們多半會惱羞成怒。但若父母能沉住氣，孩子反而會不打自招，懂得自我警惕。

和女兒「話不投機半句多」的父親，幾乎都是在對話的第一時間就猛澆女兒冷水，讓急於分享好心情的女兒感到很受傷。而「話不投機」的起始點，往往就從孩子青春期開始。

家人之間的對話需要共鳴與同感的接納，缺乏如此認知，就難以和諧共處。

當對方提到開心的話題或提議，可以回說「好啊」、「我懂」，先給予肯

定。而對於對方難過的情緒，可以用「你還好嗎？」「真叫人難過！」「辛苦了！」「我明白你的心情。」表達你的同理。

拒絕孩子的技巧

即使是你無法接受的提議，也可先用「好啊」、「我懂」、「沒錯」、「原來如此」的話語予以正面回應。

男性不認同對方的意見時，往往會當場面露不以為然的表情，立即指責對方的缺點。然而家人可不是敵人，有必要做得這麼絕嗎？

當孩子無理地吵著要買某件東西時，你可以先同理他迫切渴望的心情，回覆他像是「是啊，沒錯」、「那個東西確實還不錯」，或「我能理解你的心情」，這樣的回應能讓孩子意識到他們的要求並不會總被接受。爸媽透過這種理解和溫和的態度來處理這種情況，而非採取懲罰的方式。

當然，**父母如果認為孩子的要求已經是「在道德上無法容忍」，可以當場嚴詞拒絕，甚至大發雷霆也無妨。**當孩子看到平日總是傾聽自己心聲的父母，這回竟然動怒了，你的憤怒會直達孩子的內心深處，讓他知道「某些天條是不可犯的」。

視狀況表達「憤怒」或「不捨」的情緒

那麼，當孩子說他要「穿耳洞」或「外宿」時，父母又該如何反應呢？從社會普遍的認知來說，這些都不是違反道德的事，偏偏有些父母就是無法容忍。諸如「別人家孩子或許可以，但我們家不行」這類的事，父母在與孩子約法三章時，不妨訴諸情感，讓孩子知道他這樣做會讓父母感到「傷心不捨」。

例如，「在那麼漂亮的耳垂上打洞，爸爸（媽媽）一想到就很捨不得。」

我的許多女性朋友都不約而同告訴我說，當她們狂歡到深夜，回家看到等門的父親一臉擔憂，內心十分感動。也有不少行為偏差的男孩子，在看到母親為自己擔心受怕的愁容後決心浪子回頭，走回正途。**父母的傷心不捨，是可以打動孩子的。**

而萬一孩子做出違反道德的事，父母無須容忍，必須狠狠教訓孩子，讓他知道警醒。在成人腦即將發育完成之前，必須把大是大非的正義感深植於孩子的價值觀。青春期孩子看到父母為了匡正自己的行為而勃然大怒，會感受到自己被重視與關注。

不過，倘若無關乎道德，純粹只是父母個人的好惡問題，那麼父母的反對就會被孩子貼上「不願理解我」的標籤，而心生芥蒂。青春期孩子是很精明的，他們可以清楚分辨父母是在道德層面無法容忍，還是因為個人因素而持反對意見。

所以父母也必須區別狀況，有目的性地適時表現「憤怒」或「悲傷不捨」的情緒。

面對抱怨，一概先以「你還好嗎？」的安慰方式回應

「真是倒楣透了」、「我好苦」、「太難過了」、「我好委屈」、「痛死我了」……面對心愛的家人或下屬傾訴痛苦委屈，男性腦會自動切入「解決問題模式」，立刻給對方下指導棋：「你這樣、那樣做不就得了！」

女性對丈夫或孩子也容易做如此的反應，畢竟他們都是妳本能想要去守護的家人。

我忘記是什麼時候的事了。當時穿高跟鞋的我，腳踝稍微扭了一下，不由得唉一聲「好痛！」身邊的老公不假思索地回了我一句：「什麼年紀了，就

別再穿高跟鞋啦！」他這句話把我徹底激怒。穿高跟鞋是女人魅力的象徵，老公這話形同對我表示「妳就別再展現什麼女人味了。」這豈不是在侮辱我嗎？我雖明知老公其實是擔心我，但孰可忍孰不可忍，我怒氣沖沖地質問：「這種時候，你應該關心地問我『還好嗎？』才對吧?!」從此老公從善如流，只要我喊痛，他都一概以「妳還好嗎？」應對。

現在我正訓練自己，當有人抱怨「好過分」、「累死了」、「真受不了」時，我都會一律先關心地回應對方：「你還好嗎？」

無論對方是老婆、老公、女兒、兒子，只要是家人喊痛、抱怨辛苦，首先關懷他：「你還好嗎？」記住這一點，絕對百利而無一害。

情侶是中日韓哪國人，一眼就能看出來

「kenchana（你還好嗎）?」這是韓劇裡最常出現的話語。一集韓劇裡總

會反覆聽到多次，在約會場合中，男性更是不厭其煩地屢屢關心女伴：「kenchana?」只要女生稍微面露不悅，或是表現出困惑的模樣，就會聽到對方問「kenchana」。在每一季的愛情劇裡，幾乎都會出現這樣的套路：女人足蹬高跟鞋，步態婷婷裊裊，不料一個重心不穩，就要當街撲倒之際，風度翩翩的男主角會及時攙住女人，輕聲問：「kenchana?」不誇張，韓劇真的就是這麼演的。

我的韓語老師說，韓國是個「kenchana」大國。我追韓劇的心得是：這個國家的人對話時，原則上是以「發牢騷」為主。對話總是從某個人的抱怨開始，然後在「kenchana?」「kenchana!」不斷地串連之下結束。

然而，若不是隨時用心留意對方的一舉一動，否則也無法做到「只要對方稍微面露不悅，就問kenchana」，這足以說明韓國男子對女伴的照顧一點都不含糊。

有一回，兒媳婦和我在馬爾地夫的機場時，她有感而發地說：「只要情侶出現，一眼就可以分辨他們是韓國人、日本人還是中國人。」

在新冠疫情爆發的兩年前，我們在春天去馬爾地夫旅遊，處處都可見東方面孔的情侶檔。如同兒媳婦所說的，如果對方是單獨一人，不太容易能分辨他是韓國人還是日本人，但只要是成對的情侶，一眼就可以識別他們是哪一國人。

如果是韓國情侶，男生總會無微不至地照顧著女伴，幫忙提包包不說，地面有階差時，也會留意女伴的腳步，以免對方跌倒（所以韓國美女能夠足蹬三吋高跟鞋出門）。吃冰淇淋時還會幫忙擦拭嘴角。坐在女伴身邊，也會專注於對方的神情，關心她的心情。

中國情侶同樣也是甜甜蜜蜜，不過感覺上雙方地位比較對等。至於日本情侶，往往看來疲態盡露、漫不經心（畢竟旅行已近尾聲，而且飛機起飛還延遲了兩個鐘頭）。

我的兒媳婦真是好眼力，能察覺到如此細微的差異。事實上，她也寫得一手好文章，用字幽默又通俗易懂，我深信自己的「使用說明書」系列將後繼有人，哪天她出書時，還請各位讀者多多支持。

韓國的「kenchana」文化值得學習

韓國人究竟是因為經常把「kenchana」掛在嘴上，所以養成關懷他人的習慣；還是因為習慣關心他人，所以才不自覺地經常把「kenchana」掛在嘴邊？這問題猶如先有雞還是先有蛋，已不可考。

但無論如何，在我看來，「用心守護，關懷詢問kenchana」，是韓國的民族性，這一點不僅體現在情侶之間，就連家族之間、職場的上司下屬之間，也盛行「kenchana文化」。

只是，關懷一旦失了分寸，有時不免淪於過度干涉，「管太寬」會引發負面作用，甚至演變成嚴重的霸凌（雖然我個人所知也僅限於韓劇情節）。然而不容諱言，多虧了帥氣俊男們的「用心守護與kenchana」，使得韓劇牢牢擄獲全世界女性的芳心。

日本是具有恥感文化的國家，男性害羞內斂，這也是我所喜愛的個性。但就家庭而言，如果能將韓國的「kenchana文化」引進日本人的日常生活中就好了。別的不講，就說韓國和樂融融的家庭氣氛，多叫人羨慕，即使是青春期的孩子也願意和父母好好溝通。我認為其中的訣竅，應該都歸功於「ken-chana」這句話。

先問「你還好嗎？」然後同理對方的感受

我能理解大家急於想幫對方解決問題的心情，但在問完「你還好嗎？」之後，立即就切入問題核心還為時過早。

家是安全的堡壘，可以讓人傾訴今天遇到的糟心事、疲累、委屈和困難。傾訴的目的是要緩解大腦的壓力，因為當下並沒有迫在眉睫的危機，所以急著想解決問題並非人們所期待的。

家人之間訴求的是同理共鳴，訣竅就是「複述對方所說的形容詞」。對方如果抱怨說「累死我了」，你要附和說「真的很累人」；對方如果訴苦說「我好難過」，你也要重述他的話說「你一定很難過」；對方若是忿恨地說「你看這樣是不是很過分？」你要跟著一鼻孔出氣說：「真是過分！」

溝通的要領其實很簡單，只要滿足對方大腦的渴望就好，而且是「大腦瞬間反射的渴望」，因此並不複雜。話雖如此，實際做起來卻非常困難，因為我們的大腦也有自己的渴望。

青少女就愛小題大作

青春期的女孩尤其喜歡小題大作，成天在毫無意義的芝麻綠豆小事上打轉，存心挑戰父母的耐性。別說父親無法理解，就連同為女性的母親也被打敗。

會如此棘手，是因為青春期少女大腦的自我意識在此時膨脹到人生的最高點。只要是發生在自己身上的事，都是全世界最大條的事。只不過是瀏海稍微剪短了一點，就覺得是世界末日；常耍脾氣不想上學，也不想吃飯，同學朋友隨口說的話，她也會過度解讀，鑽牛角尖，性情極度扭曲乖僻。

事實上，這都是青春期分泌量達到最大值的女性荷爾蒙在作怪。雌性哺乳類從懷孕、生產到哺乳期，都處於弱勢，儘管如此，她仍須設法保護寶寶和自身性命的安全。在進入青春期後，與排卵有關的女性荷爾蒙開始分泌，女性腦的自我意識便會不斷增強，變得猜疑心重，這是物種為確保能順利完成傳宗接代任務的必然生理作用。

即使過了青春期，這種生理傾向仍會延續下去，所以人妻對先生說的話總是再三思索，甚至會因為自己的過度解讀，而對老公大動肝火。關於這一點，我在其他書籍中討論過，本書就聚焦在青春期的現象吧！

面對青春期少女動不動就像刺蝟一樣，老愛批評別人「很過分」，老實說，我也很難對她們產生同理心，忍不住想回一句：「妳在說什麼蠢話?!」也只是剛好而已。儘管如此，父母還是得沉住氣，接納女兒也有自我表達的權利。這時候可以使出「喔」字訣：「喔，這樣啊」、「喔，有這種事」、「喔，真有這種人耶」、「喔，這是什麼世界啊」、「喔喔，原來是這樣」！

「喔」這個字，除了能傳達有共鳴的溫柔接納，也具有輕鬆的語感。抱怨的人會感覺自己被理解，情緒受到撫慰；同理的人也不會因為這樣回答，繼而引發後續可能產生的負面影響。

當孩子批評他人時，父母不要隨之起舞

無須我多言提醒，相信各位爸媽一定都知道，當孩子攻擊第三者說「他好過分」時，我們大可不必跟著附和起鬨。

「事情大條了」、「我好難過」、「痛死我了」，這些都是本人主觀感受的陳述，所以當對方覺得「痛苦」，那麼對他而言就確實是件痛苦的事，我們安慰他「你一定很難過吧」，是同理他「覺得難過」的感受，並不傷害任何人，畢竟你不是他，無權否定他說：「有那麼痛苦嗎！」

但是**當孩子指名道姓批評說「某某人很過分」時，已經是在指責這名對象，父母不必跟著孩子的情緒起舞，這樣做就太輕率了，因為你對孩子的同情，可能會被他誤解為你是支持或認可他批評別人。**這時候，我們只能說「這樣啊！」「原來有這種事」，一方面接納孩子的情緒，但不要做出任何評論。

同事之間對這種抱怨尤其要小心應對。

當有同事抱怨道「那傢伙真的很過分」時，而你不經意就跟著附和「的確很不應該！」哪一天辦公室可能就忽然傳出「黑川小姐也說他很過分」（有時甚至還被曲解為「黑川小姐說他很過分」）時，那你就真是跳到黃河也洗不清了。

愛抱怨的男人可能缺乏男性荷爾蒙

在此順便提醒年過十三歲的男性，最好不要將「累死我了」、「太過分了」這類抱怨掛在嘴上，否則會不易受到女人的青睞。

當然，純粹描述狀況的說法則不在此限，例如，「堵車好嚴重，交通真亂！」「俄羅斯做得太過分了！」等。但是自怨自艾的「累死我了」，或是帶有攻擊性的「某某人太過分」就不同了。

「做這工作簡直累死我」、「要我這樣那樣做，太過分了」、「那傢伙就是壞」……像這樣經常牢騷滿腹、抱怨不停的男人，真的很不酷，因為這些話語中充滿了自憐、自我膨脹與猜疑心，而這些特徵都是受女性荷爾蒙影響的表現，讓人覺得「娘娘腔」。

基本上，男性荷爾蒙睪固酮分泌旺盛的大腦，是不懂得自憐的，因為睪固酮會給予人莫名的自信，激發大腦去冒險的慾望。也就是說，**愛抱怨的男人形同是昭告周遭的女性，自己的男性荷爾蒙分泌不足（正確地說，的確有這種可能性）**。女性會在潛意識中接收到此一訊息，認為牢騷滿腹的男人很不討喜。

所以父母要讓青春期之後的兒子知道，最好不要在公開場合發牢騷。堅毅的男性不會在眾人面前說三道四，而只在私底下偶爾對心愛的人訴苦，這樣才有魅力。

相反地，我認為女性愛發牢騷與抱怨是可被接受的，甚至認為表現這些情緒的年輕女性很楚楚可憐，值得同情，因為這樣的表現符合母性的自然法則。

在提倡「性別自由」（gender free，又稱「去性別化」）的今天，有人可能對我的這番言論感到不滿。然而，只要人類的生殖方式不變，我認為女性腦為了自我保護與守護後代的本能反應，今後即使歷經數百年也會依舊不變。無論如何，「女人味」、「男人味」仍是明顯存在的事實，只不過大家可以接受有別於生理性別的其他可能，例如，接納「有女性特質的人」、「有男性特質的人」、「兩種特質兼具的人」。

我對「性別自由」的認知是：誰都可以在與生俱來的肉體之外，另外選擇自己的性別立場。但如果我們說這個世界不應該有「男性特質」、「女性特質」這樣的分別，就是和大腦的本能互相矛盾，反而造成更多壓力。

對於青春期時，大腦與身體的男性或女性特質特別突出的孩子，我不願、也覺得不適合否認或抹煞他們展現的個性特徵。我不想強加給他們必須「像男人」、「像女人」的觀念，但對於他們自然流露出的性別氣質會寄予祝福。

我的建議是，父母不妨找機會告訴自己的兒子：「男人不適合自憐自艾，在人前發牢騷，喊苦喊累，這樣會被認為是不夠man、缺乏男性荷爾蒙的男人。」

何謂「男人中的男人」？

「我並不覺得辛苦。」這是一位日本自衛官在三一一大震災的救災現場，用沉穩而平靜的語調，斬釘截鐵地回答。

二〇一一年夏天，自衛隊正要從東北三一一大震災的救災現場撤退，電視台的談話性節目前去採訪。當節目主播問道：「您認為救災過程中，最辛苦的是哪件事？」這位自衛官說出這樣的答案。

「我並不覺得辛苦。但如果要說最困難的事情，我認為是要用腳踩在樹上或其他的支撐物，才能伸手構到被卡在樹枝裡的衣物或家具，把它們拿下來，這真是非常艱難的挑戰。不過，我是不辛苦的。」

為了維護東北的自然美景，自衛官們放棄使用重型機具，不惜手腳並用，將漂流物一一清除。

自衛隊剛到災區救援時，還是山頭白雪皚皚的初春，救援行動一直持續到創下歷史高溫紀錄的猛暑六月，自衛隊才從災區撤離。救災工作一開始時，還必須搬運泡水腫脹與殘破不堪的遺體。

然而節目播出時段，正是觀眾的晨間用餐時間，受訪的自衛官絕口不提搬送遺體的悲慘經歷，只談卡在樹上的衣物。他們的人品，以及為遺族和觀眾著想的體貼，讓我深受感動。他們不說「辛苦」二字，這樣會讓人想到「自憐」，而是用「困難」來表現客觀形勢。

即使自衛官的回答是事先套好招的「樣板答案」，但在處境極其困難的當時，他們願意接受這樣的安排並照著回答，仍然是很崇高的行為。

傍晚，我和回到家的兒子聊起這一段電視訪問時，他沉吟道：「這才是男人中的男人啊！」接著，他有感而發地說：「我今後也盡量不要抱怨自己辛苦才好。」

那年夏天，我兒子二十歲。

事情過了十一年，我確實未曾聽聞兒子對我和兒媳婦以外的人抱怨過自己辛苦。**真男人在外面，即使碰到再艱困的事情也依然面不改色，只在私底下才向最親近的人隨意且微笑著表露心情，這樣的男子氣概特別迷人。**當他們對所愛的女性吐露自身的軟弱時，對方甚至會感到這是對自己的榮寵。如此剛與柔的反差，正是真男人令女性迷倒之處。而為了製造這樣的反差，男人必須時時活出自己的「男子氣概」才好。

當孩子是性別的少數族群

雖然我大談「男子氣概」，但是絕不會否定「性別少數族群」。

比方說，有的人雖然擁有男性的軀體，但是搭配了女性的大腦迴路，也就是一個兼具男性荷爾蒙特質與女性大腦特質的混合體。類似這樣不同於傳統男性或女性的感知法，展現了獨特的第三種感知方式，而這也為人類的創意帶來更多樣的可能性。我還曾聽過一種說法，就是在紐約，如果公司的董事會（或經營團隊）裡沒有同志在列，公司就會倒閉。

或許是身為社會的少數族群，他們能夠洞察一般人所未見，給出很獨特的答案，因此可以理解為何會有新銳藝術家多為同志的說法，而這也是同志在媒體圈十分活躍的原因。大家會預期同志一定能打破常規，給出令人腦洞大開、拍案叫絕的答案，而他們也總是不會令人失望。

當父母得知自己的兒子或女兒是「性別的少數族群」時，必定會十分震驚，因為他們會認為孩子的性取向是錯誤的。**然而從大腦的結構來看，「性的少數族群」只是為數稀少，但並非「錯誤」。倒不如說，這是一種特殊的天賦。**

儘管如此，仍有人認為，「從生物的觀點而言，不傳宗接代就是錯的。」可是蜜蜂、螞蟻也幾乎都沒有自己的後代呀！蜜蜂將產卵的任務全權交給蜂后，自己成天流連花叢間，你能說這是錯誤的行為嗎？

從我的研究立場來看，人腦猶如電路裝置，而社會組織就是這一裝置的連結系統。我的研究心得是：「在人類這個社會系統中，並非所有的個體都必須傳宗接代。更貼切地說，人生的價值不在於繁衍子嗣，而是要成為對社會有用的人，讓整個社會能有所提升並更加繁榮。」

生兒育女意味著我們在某一段時間，必須將人生成本（時間、精力、金錢、情感）大量投注其中，這件事當然深具意義價值，但育兒並非人生的唯一，我們也要將部分成本留給社會和自己所用，這種「餘力」是推動社會順暢運轉的一大助力。蜜蜂、螞蟻大膽採用了這種模式，人類身為社會性動物，也應該具備這種意識。

再說，**是否孕育下一代，他人無權干涉。無論是否身為性別的少數族群，人人都具有自行決定要不要生育的權利，我認為必須尊重每個人的自由意志。**

人生，就是到地球旅遊百年的旅程

即使沒有生養後代，也不代表人生就此失去意義。

「對啊，只要能對社會有所貢獻就夠了。」是這樣嗎？非也，我認為就連是否有貢獻社會都不是絕對重要。

我想，我可以把心愛兒子的誕生視為他的靈魂來到地球這顆星球遊歷百年。對於我的媳婦、孫子，我也是抱持同樣的想法。我兒子兩歲時，曾因為打翻牛奶杯而覺得很開心，當下我不假思索地對他說道：「歡迎來到地球！」沒錯，地球正是這樣的星球，潑灑一地的牛奶會形成美麗的曲線。當然，如果孩子能喝下牛奶會更開心百倍，但這樣一團糟的情景也挺有趣的吧。

三個月前才來到這世上的小孫兒，竟然和聖修伯里《小王子》插畫裡的小王子長得一模一樣，每次抱著他，都會覺得他來到地球真是個奇蹟——但願他在這顆星球上能玩得開心。盡情享受人生吧！這就是我衷心期望的。

這就是一場不過為時百年的地球之旅，對於「到此一遊」的孩子，我是否有必要強迫灌輸他何謂「世俗的價值觀」，並為此挑剔、苛責他？

一旦為人父母，不妨先在腦子裡試著模擬孩子向你告知他是LGBT的那刻。訓練自己以平靜、自然的態度回應孩子說：「喔，這樣啊。」彷彿是聽孩子述說他對食物的口味喜好那樣自然，然後告訴孩子：「想必你會面臨各種困難，但我希望你可以好好享受自己的人生。」我覺得這樣會是件非常美好的事。

關於孩子的性教育，父母該如何開口？

對很多父母來說，孩子的性教育是個棘手的難題。尤其是進入青春期後，親子關係緊張，想到要對勢如水火的子女傳授「生命的奧祕」，就更加難以啟齒了。

其實大多數孩子對於男女生育行為的知識都不是來自父母，而是從其他管道獲得的，特別是近年網路資訊豐富，學校對性教育也不斷在改進。儘管如此，身為孩子的引路人，父母也不能對性教育置之不理。

記得兒子中學二年級時，他同班同學的媽媽對我說：「我檢查孩子的電腦瀏覽紀錄，結果發現裡面有色情照片，看來孩子也到這個年齡了。」當聽到這句話時，我知道該是與孩子談談性話題的時候了。

兒子回到家，我試探性問他：「你知道小寶寶是怎麼生出來的嗎？」兒子很爽快地回答：「知道呀！」「咦，真的嗎？我說的是男人的那裡和女人的那裡『嘿咻嘿咻』的事喔。」我窮追不捨地繼續說。「嗯，我知道，妳放心。」「喔，這樣啊。」兒子的反應讓我傻楞在原地，只能草草結束核心的敏感話題。

只和想拚命保護對方的人孕育下一代

然而有些話，我還是得說明白。

「有一天，當你有了喜歡的人，你會想要碰觸她，先是牽手、擁抱，然後親吻……經過這一連串幸福的過程後，就會進行性行為。不過性行為和前面提到的牽手、擁抱、親吻不一樣，性行為是會產生小寶寶的。

有了小生命，無論女方要不要生下來，都會很傷身體。懷孕和生產對女性而言是極其重大的生命任務，所以一旦懷孕，一切都要以女方說了算。如果她要把孩子生下來，無論你多年輕，都得全力以赴，一輩子保護她，無論你是否深愛她。

所以性行為絕不是鬧著玩的，這件事情重要到只能和你拚了命也要守護的人，才可以跟她發生關係。

還有，就算對方真的是你不惜想用性命保護的人，如果她的身體還未發育成熟，那麼懷孕、生小孩對她來說都是非常危險的。她必須夠成熟才行，媽媽希望你要多加注意。」

我的中學生兒子簡單地「嗯」了一聲，算是答應我。因為回答得太簡短，讓我不知道他究竟有沒有聽懂，總覺得心裡不踏實。然而，十多年過去，我才知道自己真是杞人憂天。

兒子研究所畢業後，任職汽車設計公司，正式任用後七個月，開始與現在的妻子同居。其實早在四個月之前，他就宣布要和女友同居，但卻遲遲拖到三個月後才付諸行動。「既然早晚都要住一起，為何不早點開始呢？」我曾這樣催他。「這是在親密關係中需要設定的明確界線。」兒子似乎很堅持。

後來，他主動向我求助：「有件事想要拜託老媽。我想先確定女友的身體狀況，是否可以承受懷孕生產的風險。妳願意幫忙嗎？萬一真的不幸有狀況發生，她就太可憐了。」

啊，我突然意識到，兒子找到他想用性命守護的另一半，打算和對方廝守終生了。

如果說我家有什麼性教育的話，那就是讓孩子知道，「男人和相愛的人有了孩子，就要用性命守護對方。所以親密性行為只能和自己願意廝守終生的伴侶進行，並且要確認對方的身體狀況是否適合懷孕生產。」

但是我相信，即使我並未諄諄告誡，兒子還是會這麼做，因為他從小就是這樣負責任又細心的孩子。

儘管如此，我還是慶幸自己傳達了這樣的原則，兒子也把自己那種全力以赴保護對方的決心，毫不保留地傳達給我。他告訴我：「請妳好好照顧她。」因為有了那天的對話，我知道兒子把我也列為與他共同守護兒媳的夥伴。

比親吻和擁抱更親密的方法

順帶一提，母親在我小學的時候，就告訴我傳宗接代的知識了。她教我的時候神情輕鬆愉快，一點也不覺得尷尬。

那天，母親問我：「妳有喜歡的男孩嗎？妳在他身邊，就會覺得自己好幸福。」我坦率地答說：「嗯，有啊！」她說：「再長大一點，和喜歡的人成為男女朋友，就會手牽手、擁抱、親吻，這是件很幸福的事。不過呀，男人和女人之間，還有比擁抱更親密的方法喔！」然後母親就告訴我，男生將「小弟弟」放進女生的「小妹妹」這檔事。

母親還告訴我，這是相愛的男女才允許的行為，也是世界上最親密的行為。至少，母親是這樣教我的。如今想來，仍然覺得那是非常美好的性教育啟蒙。這些話可以作為當我需要向尚不懂此事的孩子解說敦倫之事的參考。

總結一下，要對青春期的孩子表達父母的愛，有兩大重點。

首先，要善用「預設暗示手段」，這些暗示法要能喚醒孩子大腦對「父愛母愛」的記憶。

其次，要對於孩子今後將邂逅的「包含性愛在內的愛」寄予祝福。希望那些即將離開父母，啟程去尋找自己人生的兒女，即使遭遇人間險惡，仍能被父母的愛所庇護，進而避免受到傷害。

嚴格說起來，家有青春期兒女的父母，任務可真不少呀！

第五章

解密半熟大腦，
親子溝通
不當機

別讓青春期孩子活在自己的聚光燈下

青春期的大腦習慣自我膨脹，發生在自己身上的事都是世界最大的頭條。這種情況在女孩子身上尤其明顯，但男孩也不例外，只不過兩性關注的重點不同。**女孩對於自己的外貌以及「是否被喜愛」會耿耿於懷，男孩則是被自以為是的正義感沖昏頭，特別愛「拚輸贏」**。

這些偏激行為都起因於這時期的性荷爾蒙火力全開。

誠如前一章所述，女孩受到排卵期的女性荷爾蒙影響，全副心思都圍繞在自己身上，而且猜疑心重，事事都讓她看不順眼，連大人覺得微不足道的小事也會讓她很受傷。

男孩則受到睪固酮影響，喜歡逞勇鬥狠爭地盤。在突然間，成為強調「目標導向」，也就是「成就主義」的信徒。沒錯，睪固酮不僅鼓動男性的性行為，同時也會激發男性腦進入狩獵狀態的荷爾蒙分泌。他們會因為「自以為是的正義感」而攻擊他人，如果沒有達到自己預期的目標，就會覺得自己失去存在的價值。

然而這些都只是暫時性的過渡期表現，父母不必過於擔心，睜隻眼閉隻眼地輕鬆以對，不失為應對的良方之一。這段時期最忌諱讓孩子養成「聚光燈要打在自己身上」的習慣，否則孩子日後的人生將會很辛苦。**引導孩子在此時盡量減少過度關注自己，是非常重要的。**

「對社會有貢獻」，比「成為理想的自己」更重要

日本近二十年左右，都在推動與「想像未來的自己」有關的教育。

從小學開始，大人就不厭其煩地問孩子「未來的夢想」，大學生的就業指南、企業的新人教育也不斷強調「要成為理想的自己」，希望年輕人可以設想五年後、十年後的自己會是什麼樣子，然後思考為達到理想目標，自己現在

需要做哪些努力。

我從腦科學的研究角度來看，其實這麼做是危險的，所以一直對此提出警告，呼籲大家正視「為成為理想的自己而活」這件事，是何其危險。

以「理想的自己」建構世界觀，萬一失敗，世界也會隨之崩塌，甚至只是每天的小小失敗，都足以動搖「世界」的存在。因此，人們會害怕失敗，失去好奇心。為什麼要對年輕人做出如此殘酷的事情呢？

年輕人的目標不該是追求「成為理想的自己」，而是「對社會的貢獻」。

一九八三年，我剛成為社會新鮮人，擔任公司部門草創期的人工智慧工程師，被賦予「實現人工智慧」的遠大目標。後來成功研發出能以日語與商用電腦進行溝通的系統，成為「人類能與人工智慧交流」的專家。然而，這個過程中不斷遭遇接二連三的挫折。我曾因為判斷失誤，將許多人捲入混亂之中，更有無數次難以挽回的失敗經驗，痛苦到捶心肝都不足以形容自己的悔恨於萬一。

儘管如此，我從未灰心喪志，因為我大腦裡的世界觀，是建立在人工智慧活躍的未來地球上，由於目標非常宏大，這與我當下的失敗相較實在微不足道。

我那個世代的年輕人有理想、有抱負、勇於作夢，所以我們是「幸福的世代」。我和賈伯斯是同一世代的人，他是締造「蘋果電腦傳奇」的時代寵兒，我有幸躬逢其時。

在二十世紀時，人類在科幻小說中想像的所有機器幾乎都尚未誕生，但人工智慧並非荒誕無稽之談，年輕人夢寐以求的技術或願景，當時也已被各大廠商或公司積極研發和探索。後來，「人類的想像」陸續成為現實，金融、服務、醫療等各產業無不面臨重大變革。

在這樣的時代背景下，沒有人會說出「如何成為理想的自己」之類的話，而是告訴你：「快點動起來準沒錯。你們只不過是一顆齒輪，但如果有顆齒輪不能動的話，整個機器都會癱瘓。」我們就是在這樣的信念下走過來，一個個逐漸成器。

這些話如今回想起來，感覺就像是遭到霸凌，但是正因為我大腦的世界觀並不是以「自我」為核心，所以即使我失敗了，世界也不至於天崩地裂，仍然可以繼續往前衝衝衝。

所以自認為出身「幸福世代」的我，最想要奉勸現今的年輕人：不要只把焦點放在自己身上。

年輕人要培養勇於作夢的能力

現在的年輕人「過分在意自己」，這是社會的錯。

國家有大夢，以其威信動員企業，讓企業懷抱夢想，驅使年輕人為大夢奔走，然後年輕人在追求的過程中發現自己「作夢的能力」——大腦本該是如此運作的。政治家與企業家都必須擁有「夢想力」這種資質。日本自明治維新以來，都是循著這樣的模式快速成長。

然而現在的日本人夢想能力薄弱，因為在上位的領導者缺乏夢想，所以轉而向社會菜鳥探問「理想」。

如果年輕人被大人的詭詐所欺，開始找尋「理想的自己」、「只有自己才能夠勝任的天職」，就會迷失人生的方向，大腦的世界觀充斥的都是自己，過度放大自我，導致害怕失敗。

那麼，在大人缺乏作夢能力的二十一世紀，年輕人該如何在「不過度聚焦於自己」的情況下，養成「勇於作夢」的能力呢？

我認為方法只有一個，那就是尋找自己「喜愛到難以自拔」的事情。將內心的聚光燈投射到自身以外的事物。

找到令自己「愛到無法自拔」的事物，是拓展人生的關鍵

年輕人最該迫切尋找的，不是「理想的自己」，而是「喜愛到難以自拔的事物」。

去找出這個讓你日思夜想的事物，管它是布丁、音樂、舞蹈都好。一開始只是微不足道的對象也無妨，僅有五分鐘的熱度也沒關係。重要的是要讓大腦不斷累積這些「喜歡到愛不釋手、難以自拔」的體驗。

好奇心的大腦迴路並不是對每個對象物都單獨建立，而是共用一個迴路，所以即便是製作布丁的迴路也可以轉用於工作上。累積的體驗越多，運用起來也會越順暢而得心應手。又如青春時代沉迷於音樂世界，儘管後來從事與音樂不相關的職業，工作中必定會出現令你「感到新奇的事物」，推動你的「好奇心循環」，即使是對於被指派的工作，也會激發你積極探究的熱情。

總之，就是要讓大腦多體會「喜愛到無法自拔」的經驗。

但是要切記，**這個「愛到難以抗拒」的對象不可以是身邊的人**。如果是和自己有交流或往來的人，為了博取對方好感，反而會助長青春期自我膨脹的特質。我指的不僅限於愛戀的情感，就算是「想成為那樣的人」的崇拜，或是「想要幫助對方」的念頭，都是危險的。因為在意對方對自己的看法，就會不自覺將專注力放在自己身上。

當然，戀愛、崇拜或尊敬都是非常美好的情感，不過這已經是另一種「喜愛到難以自拔」的體驗，千萬不可與上述所說的事情混為一談！

十四歲展開的心靈之旅

十四歲正是開始去體驗「喜愛到難以自拔事物」的適齡期。

這時期正逢感性記憶期的終結，大腦對於「感性就該如此」的認知已經定型，自此以後，感性模式不會發生急遽轉變，也就是說，一個人在十四歲時形成的感性模式將延續一輩子。不過這不意味人會停止成長，而會以這個感性模式為基準，繼續編織多采多姿的人生。只要想到十四歲年輕、充滿活力的感知和情感體驗能夠延續一輩子，是不是就讓人感到充滿希望呢？

在十四歲之後，發現「喜愛到無法自拔」的事物，建立起好奇心迴路，那麼這個迴路將持續一生，因為感性模式已然確立。

許多表演者（藝術家、創作者）都異口同聲表示，「十四歲時遇到的事物，造就了現在的我。」十四歲接觸到的某一首音樂、某一片風景或某一句話，即使本人未意識到，其實也會在大腦內產生潛移默化的影響。就算不是在十四歲那一年，也會在十四歲後的某一天、某個時刻發生。

類似這樣的邂逅都是不經意偶發的，出自大腦的「無意識部分」與外界強烈互動所產生的結果，這樣的結果並非大人有目的地安排便能如願。「試試這個好像不錯喲！」「要不要來玩玩這個？」當大人把東西拿到孩子面前刻意誘導，反而可能會讓它們失去吸引力。只有大腦自己發現的，才能真正活化好奇心迴路，所以日本有句俗話說：「如果疼愛孩子，就讓他出去闖蕩磨練吧！」

當然未必真的要孩子揹起行囊出門冒險，但讓孩子有不受父母干預的自由時間是很重要的，即使大人為此稍微破費也值得。無論如何，對於孩子感興趣的主動要求，大人千萬別一口回絕說：「我不懂這是什麼玩意兒，別白白浪費時間和金錢了。」

自十四歲確立一輩子的感性雛形後，孩子們就開始了心靈之旅。一想到這裡，再看看家中十四歲的孩子，你是否感到心潮澎湃呢？

十四歲的大腦將會遇見什麼？哪怕是看似無聊透頂的小玩意兒，都是觸動好奇心迴路的契機，就算世人都嗤之以鼻，至少還有父母默默守護這「剛剛長成的大人腦」，看看他們能變出什麼有趣的東西，並適時助其一臂之力。

好奇心的迴路會持續進化，說不定哪天就成為改變世界的動力。那些改變世界的「夢想家」，想必一開始也是玩一些在父母眼中既愚蠢又無聊的事物吧！

父母如果過分執著在「不可以把時間浪費在與學習無關的事情上」、「要培養金錢觀」等主流想法上，就容易教養出「不敢鬆懈」「隨時神經緊繃」「實事求是」的孩子，而忽略他們的成長與需求。

事實上，父母自己如果能忘我地投入那些「可有可無的事」「無聊透頂的事」「別人看來毫無意義的事」，那真是再好不過了。各位要不要趕緊試試呢？

女性的自我肯定感較低是天性使然

最近常有女性問我，說想要獲得自我肯定感，該怎麼自救才好呢？

所謂「自我肯定」無關乎他人的認同，只要能肯定自己就好，是一種即使沒有人認可，你也不會因此迷失自我的能力。

可能是因為近年來年輕人總是習於自我膨脹，所以我們常聽到「自我肯定感」這個說詞。而可以確定的是，**戀愛中的少女是缺乏「自我肯定感」的，處於育兒期的女性腦也會將「自我肯定感」設定在低檔。**

女性的自我肯定感較低，是人類的「育兒機制」使然。人類的育兒期是動物界裡最長的，懷孕長達十個月，寶寶學會走路要一年，能賺錢養活自己起碼也要十五年，所以單憑媽媽一個人難以拉拔孩子長大。在沒有人工營養的時代，母體的健康只要稍有差池，孩子也會性命不保。

因此，人類的女性會本能地與周圍保持互動，無論是彼此保護、交換育兒資訊、母乳的互通有無等，以便確保身邊的社會支持系統功能。因為女性知道，自己若不能置身於「共鳴圈」裡，就會遭遇危險。

由於旁人的反應關係到自身的性命安危，久而久之，女性總是在意周遭的反應，希望別人都對自己友善。

慎防「乖女孩症候群」

在青春期時，隨著性成熟和生殖能力的發展，少女的大腦也活躍起來，她們的自我肯定感會迅速降低，並渴望能得到他人的認同。

這時，如果基於外在標準來予以肯定，會讓她們對「獎勵」造成依賴。「因為成績好所以給予獎勵」、「因為品行端正所以嘉獎」、「因為可愛討喜所以受歡迎」……一旦讓女孩「食髓知味」，她們會不自覺地為了想成為「受人稱讚的自己」而活著，反而迷失了自我，我稱之為「乖乖女症候群」。

儘管身材穠纖合度，卻仍堅持瘦身；明明事情已經做到非常完美，卻還是不斷自我貶低，連一點點瑕疵都耿耿於懷；開口閉口都是「這裡不行」、「那裡不夠好」、「像我這麼沒用的人」……這些都是自我肯定感薄弱的表現。

越是想迎合親友期待的女孩，自我嫌惡的傾向越強烈。她們會過度在意自己的外貌和成績表現，總是戰戰兢兢，同時擁有優越感和自卑感的矛盾，讓她們的人生過得很辛苦。

大人應該讓孩子知道，父母愛她們並非因為她們是「好孩子」，而是她們是獨特的，光是「她們存在」的這件事就值得被愛。

「因為是好孩子，所以值得獎勵」、「因為不是好孩子，所以就不給好臉色看」，如果你是用這樣的獎懲價值教養孩子，最好立刻停止。不論孩子表現好壞，父母都要以平常心從容陪伴。當孩子有開心的事，與她一起分享喜悅，但重要的是，**對於孩子努力的「成果」，父母不要顯得比孩子更喜出望外，對於孩子的「失敗」，也不要表現得比孩子更悲傷難過。**

當孩子獲獎，父母當然可以稱讚她「了不起」、「做得好」，不過我覺得還可以補上一句：「得獎當然值得高興，不過媽媽看到妳很享受比賽的過程，這才是最讓我開心的事。」可惜我沒有女兒，所以一直沒有這樣說的機會。

青春期的男性腦有莫名的自信

相較於對女孩不能強求成果，我認為，對男孩反而要期待他們努力獲得成果。因為**青春期的男孩不服輸，如果不對他們寄予期望，可能會讓他們產生偏差行為，走向極端。**

男性的睪固酮會鼓動男性腦萌生「莫名的自信」，即使毫無勝算，卻不知為何也會自信滿滿，早晨一起床就感覺會有好事降臨。

男性睪固酮分泌的高峰期，大致是在十四到十八歲之間。我兒子在那個年紀時的學業成績，曾讓我不禁擔憂：「以這種程度，真不知將來會淪落到哪裡。」

「放心吧，我將來會變成大人物的！」當時孩子一臉認真地回我。

「嗄，怎麼變？你該不會是說身體變成大隻佬吧？」我聽到他的回答後反問。

但就在兒子如此天真回答我的那晚，我深刻領悟到一件事：年輕男孩如果沒有這樣的豪情，就無法踏上冒險之路。男性腦的使命不就是勇敢深入荒野闖蕩嗎？

那個曾只因為一點小事就會躲到媽媽懷中瑟瑟發抖的小可憐，如今終於要邁向人生的開拓蠻荒之旅。即使因為睪固酮作祟，讓青春期男孩變得強詞奪理、暴躁易怒，父母也請暫且放他們一馬，別跟他們計較。

父親容易犯下的錯誤

每個為人父親者，自己的青春期也曾是在睪固酮的強勢引導中一路走來。自己在大人的期待下拚命努力，並引以為傲地度過了青春歲月，於是把當年的成長經驗套用在女兒身上，為女兒訂定目標，達成後就予以獎勵。然而，這對女兒來說太過殘酷了。請記住，**男性和女性在青春期的自我肯定感是天**

差地別的。

附帶一提，男性腦在睪固酮分泌的衰退期才是危險的，因為這時候莫名的自信心消退了，人生似乎失去了希望。所以**人妻對於年過五十歲的另一半，應該多注意他的自我肯定感**，並溫柔以待，持續給予支持與關懷。

結語

你的孩子，是玫瑰園裡獨一無二的玫瑰

聖修伯里的名著《小王子》，有一幕是小王子和五千朵玫瑰吵架，因為他想要維護自己星球上唯一的那朵玫瑰。

「的確，我的玫瑰在一個尋常路人的眼中，和你們沒什麼不同。但唯獨她這朵玫瑰，對我而言比全部的你們都重要。因為我幫她澆水，為她罩上玻璃罩，還用圍籬保護她。是我為這朵玫瑰除蟲（中略），聽她哀嘆、自誇，又或是沉默，我一直在那裡傾聽，只因為她是我的玫瑰。」

（摘自菅啟次郎翻譯、角川文庫出版的《小王子》）

家有女兒的父親們讀到這段文字，內心應該會感到澎湃洶湧吧！小王子所言不正是自己對女兒的心情？我們做母親的當然也會心有戚戚焉，即使對兒子也會有一樣的感受。

當人類的大腦來到青春期，代表它即將從兒童腦過渡至成人腦。成人腦是一部會「透過比較並找出差異」的引擎，為了更有效儲存和檢索記憶，這是必要的變化過程，可惜這也會產生副作用。相較於兒童腦是如實接受事物的全貌，成人腦在面對事物時，則會進行比較，找出其中的差異。因此，在十二歲之前，孩子根本不會太在意別人的事（除非他被父母的競爭心態影響）；但從十三歲後，則會對自己的「不夠特別」耿耿於懷。

是的，你的玫瑰將被送入玫瑰園裡，這是在十三歲時會發生的事。

放眼望去，花園裡滿是極其相似的其他玫瑰，數量多到甚至只是置身其中都會迷失自我，而懷疑自己存在的意義。為這些青春期孩子高舉「愛」的火把，正是本書的主旨。

當我從出版社接獲「青春期」的寫作主題時，內心躊躇再三。因為我並非解讀青少年的專家，手上也沒有相關案例，不知自己是否有資格談論這個題目。

然而，我從自己的專業研究領域見識到「青春期的大腦」，處在兒童腦與成人腦之間的過渡期，習於自我膨脹，而且備受「與他人比較」之苦。想到此刻安睡在我懷中的新生小孫兒，總有一天也將經歷這段路程，就覺得心疼不捨。

這時我忽然心生一念：如果把我這份疼惜之情撰寫成書，就可以成為黑川伊保子的「青春期讀物」了。於是我答應了三年來不斷給我「love call」的出版社。由衷感謝小學館的福原智絵、木村順治兩位編輯，他們鍥而不捨地邀我撰寫一本跟「青春期」有關的書籍。

我要將本書獻給我的孫子黑川兒太朗。我這樣說，是為了十三年後當他邁入青春期，家人能為了他再次重讀這本書。

當然，本書也要獻給正在閱讀的你。我真心想要告訴你和你所珍愛的人——人生不過是一場來到地球百年的旅程，請盡情享受吧！

黑川伊保子

教養生活CU00076

青少年使用說明書：當孩子「轉大人」，父母如何讀懂他們的內心話？

作　者—黑川伊保子
譯　者—胡慧文
主　編—郭香君
責任企劃—張瑋之
封面設計—FE設計
內頁排版—新鑫電腦排版工作室

總編輯—胡金倫
董事長—趙政岷
出版者—時報文化出版企業股份有限公司
108019台北市和平西路三段二四〇號七樓
發行專線—（〇二）二三〇六—六八四二
讀者服務專線—〇八〇〇—二三一—七〇五
（〇二）二三〇四—七一〇三
讀者服務傳真—（〇二）二三〇四—六八五八
郵撥—一九三四四七二四時報文化出版公司
信箱—10899臺北華江橋郵局第九九信箱
時報悅讀網—http://www.readingtimes.com.tw
綠活線臉書—https://www.facebook.com/readingtimesgreenlife
法律顧問—理律法律事務所　陳長文律師、李念祖律師
印　刷—勁達印刷有限公司
初版一刷—二〇二四年三月二十二日
初版三刷—二〇二四年七月十七日
定　價—新臺幣三八〇元

時報文化出版公司成立於一九七五年，
並於一九九九年股票上櫃公開發行，於二〇〇八年脫離中時集團非屬旺中，
以「尊重智慧與創意的文化事業」為信念。

青少年使用說明書 / 黑川伊保子 著；胡慧文 譯. -- 初版. -- 臺北市
：時報文化出版企業股份有限公司, 2024.03
面；　公分. --（教養生活；CU00076）

ISBN 978-626-374-858-3（平裝）

1. CST: 親職教育　2. CST: 親子關係　3. CST: 青春期
4. CST: 青少年

528.2　　　　113000128

SHISHUNKI NO TORISETSU
by Ihoko KUROKAWA

Original Japanese edition published by SHOGAKUKAN.
Traditional Chinese (in complex characters) translation rights in Taiwan arranged with SHOGAKUKAN through Bardon-Chinese Media Agency.

ISBN 978-626-374-858-3
Printed in Taiwan